JN063924

《税理士・不動産鑑定士のための》

重要裁決事例に学ぶ

《相続税》

土地評価の実務

不動産鑑定士
小林 穂積

財産評価基本通達の定めによらないことが正当に認められる「特別の事情」とは何か？

はしがき

本書は，国税不服審判所の裁決事例のうち土地（底地を含む），時価，鑑定，特別の事情をキーワドとして選び出した事例（第２集）です。

ここに掲載された裁決事例は，ほぼ表に出てくるような事案ではありません。非公開事例であること，特に注目されるような事案ではありません。

なぜそのような裁決事例を書籍に掲載するのか。私見ですが，下記のように考えています。

踏み込んで言えば，不動産鑑定評価基準等に基づいて評価していれば，まず評価通達に基づく価格を下回ることはないと思われる事例が含まれているので，それらの事例を世間に公開したいからです。裁決事例を１つ１つ調べていくと，不動産鑑定評価基準に沿った時価評価の不動産鑑定事案が裁決事例にないのだろうかと調べてみましたが，ほぼありませんでした。そのような不動産鑑定書はまず裁決に至るまでに当局が不動産鑑定書の内容を検討し，当局が負ける可能性が高い案件については，当局と請求人側が折り合いがついてしまっていて，裁決までに至らず，ということになってしまっているのではないかと思います。これはあくまでも筆者の私見ですが。

評価通達により難い「特別の事情」とは，評価通達を適用して評価することが不合理と認められること，または，評価通達により算定された評価額が客観的交換価値を上回るようなことをいいます。したがって，「特別の事情」があると認められれば，不動産鑑定による時価評価が可能になりますが，「特別の事情」が認められない場合は，評価通達による評価に基づくことになります。

路線価は公示価格の80％程度に設定されており，時価と路線価とは20～30％の開差があります。これを下回るような価格になると，土地は法面があったり，不整形地であったり，間口が狭くて細長い使い勝手が悪い等で，その地域の標準的な価格（時価）に対して評価するとなると大幅な減価が求められます。説得力のある減価が出来ればよいが，それが出来ないにもかかわらず，無理を承知で土地の減価をしている可能性がある事案が多く見受けられるのです。そのような不動産鑑定書が争いの材料になっているのではないかと思います。また，争いに慣れていない経験不足の不動産鑑定士が作成した不動産鑑定書が争いの材料になっている可能性も否定できません。

それは，①同一需給圏内の類似地域や近隣地域の事例を選択して土地の比準を行わなければならないにもかかわらず，そのような地域の事例を採用していないとして審判所から指摘を受け，鑑定書が否認されている。また，②適正な取引事例を採用しなければならないにもかかわらず，競売事例を採用している。③競売事例であることによる事情補正をせずに比準を行い，価格を求めているので，審判所からその旨の指摘を受けたが，説明が出来ずに不動産鑑定書の信頼を失った。さらに，④面積の大きな土地（1,818㎡）の評価を行うのに，取引事例を166㎡とか301㎡程度の小さな土地面積の取引事例を採用して比準を行っているので，審判所から取引事例の採用が適正を欠くと指摘を受け，それに基づいた鑑定評価額は信頼できないと判断された。⑤取引事例比較法において，取引事例の事情補正の割合（100/130）の査定根拠についての合理的な説明がなく事情補正の適切さに疑義があると，審判所から判断された。⑥土地の個別的要因において56％の減価を行っているが，その判断基準が明確でないので，減価の割合は合理的なものか否かの判断ができない。したがって，請求人の不動産鑑定書は合理性がないと審判所に判断された。

以上のように，基本的なミスをして鑑定評価が否認され，鑑定評価の信頼を落としている事例がたくさん見かけられます。しかし，これらが全てではありません。「特別の事情」があるとして評価されている事例も散見されます。1つ1つ吟味して頂ければ幸いです。

難関な国家試験に合格した不動産鑑定士がこのような不動産鑑定書を世に出しているが，鑑定を依頼した方々に対し，また世の中に対しこれでいいのかと思います。

難しいことを言っているのではありません。鑑定評価における基本的なことを申し上げているのです。冷静に考えれば，この事案は路線価を下回る可能性が少ないにもかかわらず無理やり下げようとしている可能性があり，このような不動産鑑定士が多く存在しているように思えるのです。しっかり仕事をしている不動産鑑定士が多くいるにもかかわらず，とても残念です。

鑑定の依頼にどのような事情があるかわからないが，依頼主の希望を受け入れるのに，不動産鑑定評価基準等に適合しないことをするのはいかがなものかと思います。そのような場合は，依頼の価格は不動産鑑定では出ませんとはっきりお断りするか，アドバイスをすべきと思うのは私だけでしょうか。不動産鑑定書を提出した後を考えると，個人の問題を通り越し，社会に対して不動産鑑定の信頼を失うことになってしまっていることに無念を感じます。

本書が，これらを踏まえ，世の中の警鐘になればと願うのは私一人だけではないと信じたい。是非本書を活用して頂き，不動産の時価に悩む多くの実務家のお役に立てれば幸いです。

最後に，本書の発刊に当たって株式会社プログレスの野々内邦夫様に大変お世話になりました。この場を借りて，心から感謝申し上げます。

令和６年２月10日

小林　穂積

目　次

【1】本件土地には所有者，借地権者および複数の住宅所有者である転借権者が存するため，更地化するには複雑な権利関係を整理しなければならない「特別の事情」があるとした事例

（沖裁（諸）平17第18号・平成18年6月15日）

本件土地の概要 貸宅地・私道の用に供されている本件土地（地積1,035.00㎡）は，宅地開発業者が複数の土地所有者から一括して賃借し，各土地の筆界にかかわらず道路を築造し区画割りを行った後に，転借地権付戸建住宅として分譲された。その結果，本件土地は，その土地所有者，宅地開発業者である借地権者および複数の住宅所有者である転借権者が存在するという複雑な権利関係を有することになり，全ての関係者の同意を得て複雑な権利関係を整理しなければ，更地として売買できないという「特別の事情」が存在することになった。

請求人の主張 原処分庁の鑑定評価額は，実際の売買事例額を大きく上回っており，不特定多数の当事者間で自由な取引が行われた場合に通常成立すると認められる価額と大きく乖離しているから違法である。

財産評価基本通達（以下，評価通達という）により難い「特別の事情」または評価通達に基づいて評価した価額が時価を超えていると認められる場合には，納税者の実質的負担の公平を欠くことになるため，評価通達に定める以外の方法によって評価することも許される。

本件土地は，評価通達により難い「特別の事情」を有しているから，土地の時価に対して底地の時価が占める割合（以下，底地割合という）を基に評価すべきである。

原処分庁の主張 原処分は次の理由により適法であるから，審査請求を棄却するとの裁決を求める。

本件土地は評価通達により難い「特別の事情」が存することも想定されたことから，原処分庁においても，時価の検証を行うために鑑定評価を依頼したところである。

請求人は，本件土地に対する原処分庁の鑑定評価額は売買実例価額を大幅に上回っている旨主張しているが，仮にそのような売買事例があったとしても，個々

の売買実例価額には，売主，買主それぞれの売買に当たっての事情等が含まれており，特に本件土地のように個別性の強い土地の取引については，土地所有者の売却時の状況などによって売買価額にも相当の開差が生じる可能性は否定できない。このような不確定要素を内在させた個々の売買実例価額について適正な事情補正等を行わずに算出した底地割合のみをもって得られた評価額を客観的・一般的概念である時価とすることは相当ではない。

審判所の判断　請求人が主張している評価額（以下，請求人評価額という）は，平均底地割合を求め，本件土地および自用地価額に底地割合を乗じて当該土地の評価額を算定している。

平均底地割合の計算の基礎として取引事例に対しては，個別事情等の補正，時点修正，地域要因の比較および個別的要因の比較が行われておらず，また，取引事例３事例のうち取引事例１は近隣地域内または同一需給圏内の類似地域に存する取引事例ではない。

原処分庁は，本件土地について不動産鑑定士に鑑定評価（以下，本件鑑定という）を依頼している。本件鑑定は，底地の収益価格および底地の第三者間取引が収集できないとして競売評価基準に基づく控除価格（以下，控除価格という）の中庸値を底地価格と決定している。収益価格は，地代徴収権の現在価値と更地の復帰価格の合計額としている。控除価格は，比準価格，収益価格および規準価格を関連付けて決定された更地価格に，建付減価10％控除後の率90％と近隣地域における借地権割合30％控除後の率70％を乗じて得られた率63％を乗じて算出している。

更地の復帰価格を算出する際の更地価格および比準価格相当額を算出する際の更地価格の算出に当たっては，道路敷地部分の個別格差率を10％として評価対象地に含めている。

請求人の評価方法については，取引事例の価額から評価対象地の価格を比準する取引事例比較法を用いることは，その実証性に照らして合理的であると認められているものの，この取引事例比較法による対象不動産の価格の算出を合理的ならしめるには，まず多数の取引事例を収集して適切な事例の選択を行い，さらに適切な取引事例の価額に必要に応じて事情補正および時点修正を行い，かつ，地域要因の比較および個別的要因の比較を行って求められた価格を比較考量することが必要であり，この場合の取引事例は原則として近隣地域または同一需給圏内の類似地域に存する不動産に係るものから選択するものと解されている。

これを請求人評価額についてみると，個別補正等を行うことなく取引事例のみに基づいて本件平均底地割合を求め，自用地価額に平均底地割合を乗じて底地の評価額を求めていること，さらに，取引事例のうちに近隣地域内または同一需給圏内の類似地域に存しない取引事例１件が含まれ，取引事例は２件と少ないことからすれば，請求人評価額は不動産鑑定評価基準が予定している取引事例法に基づいた評価手法とは言い難い。

本件鑑定における底地の収益価格の算出方法は合理的に算出されていると認められる。しかしながら，控除価格を採用している点は，原処分庁が本件土地について借地権価額控除方式により評価し難いとしていることの整合性からみて，やや説得力を欠くといわざるを得ない。

本件土地の評価額について，請求人は自用地価額に平均底地割合を乗じた価格が時価相当額である旨主張し，原処分庁は本件鑑定に基づく評価額が時価相当額である旨主張するが，請求人の主張には上記のとおり理由がなく，一方，原処分庁の主張にも，上記のとおりその評価額は適正とはいい難いといえる。そこで，本件鑑定の比準価格相当額を用いて評価額を決定することにより適正な時価が算出されると認められる。

したがって，請求人に対する本件更正処分はその一部を取り消すべきである。

コメント

本件では，本件土地を含む土地を宅地開発し，貸宅地部分の土地は宅地開発業者が複数の土地所有者から土地を一括借りして各土地の境界にかかわらず道路をつくり，区画割りを行い，転借権付戸建住宅を分譲したため，借地権者および複数の住宅所有者である転借権者が存在し，複雑な権利関係が発生した。そのため，更地として売買しようとすれば，複雑な権利関係を整理しなければならないという「特別の事情」が発生していると，審判所は判断した。

「特別の事情」があると判断出来れば，評価通達によらず別の評価方法によることが許される。すなわち，不動産鑑定評価により土地の評価が可能である。

不動産鑑定評価基準では，底地の価格は比準価格と収益価格とを関連付けて決定する旨定められているが，請求人の評価方法では取引事例のうち近隣地域または同一需給圏内の類似地域に存しない取引事例が１件含まれ，取引事例は２件と少ないことからすれば，請求人の評価額は不動産鑑定評価基準に基づいた評価方法とはいい難いと審判所は判断している。

また，原処分庁は本件土地について借地権価額控除方式により評価し難いというが，説得力に欠けると，審判所は述べた。

したがって，本件土地の評価額は，本件鑑定の比準価格相当額を用いて決定することが相当であると，審判所は判断し，請求人に対する本件更正処分の一部を取り消すとした。

【2】本件鑑定評価額は，取引事例における事情補正が不適切で，かつ地域要因の比較に合理性が欠けているので，適正な時価とは認められないとした事例

（東裁(諮)平25第98号・平成26年3月26日）

本件土地の概要 本件土地は地積が165.28㎡の長方形であり，用途地域は準工業地域で，建ぺい率60%，容積率200%である。

相続開始日に被相続人（賃貸人）と第三者（賃借人）との間で，建物の所有を目的とした契約期間20年の土地賃貸借契約が締結されている。

相続開始日に，本件土地上には，昭和34年に建築，昭和41年に増築，昭和63年に構造変更された木造亜鉛メッキ鋼板葺2階建ての共同住宅・店舗が存していた。本件土地の周辺地域には，一般住宅，小工場等が混在している。

請求人の主張 鑑定評価書による本件鑑定評価額は，相続開始日における本件土地の客観的な交換価値を示すものであるところ，評価通達により評価した本件土地の価額は本件鑑定評価額を上回ることから，本件土地の評価については，評価通達の定めによらないことが正当と認められるような「特別の事情」がある。

したがって，相続開始日における本件土地の価額は本件鑑定評価額によるべきである。

原処分庁の主張 本件鑑定評価書は合理性を欠くものであり，本件鑑定評価額は本件相続開始日における本件土地の客観的な交換価値を示すものではないから，本件土地の評価について，評価通達の定めによらないことが正当と認められるような「特別の事情」はない。

したがって，本件相続開始日における本件土地の価額は，評価通達の定めにより評価した原処分庁主張額によるべきである。

審判所の判断 不動産鑑定評価基準では，取引事例が特殊な事情を含み，これが取引事例に係る取引価格に影響していると認められるときは，適切な補正（事情補正）を行わなければならないとされている。

しかるに，取引事例1は，取引事例カードに売急ぎの事情があると記載されているから，この点に係る適切な補正が必要であると認められる。しかしながら，

本件鑑定評価書では，取引事例１は取引態様に係る事情補正（＋30）が行われているのみで，売急ぎの点に係る事情補正が行われていない。

また，取引事例１ないし取引事例４は，いずれも，借地契約の当事者間の取引事例であるところ，取引事例１，取引事例２および取引事例４については，取引態様に係る事情補正（＋30）を行っているにもかかわらず，取引事例３については，取引態様に係る事情補正を行っていない。

さらに，担当審判官が本件不動産鑑定士に対し取引事例１，取引事例２および取引事例４の事情補正の割合（100/130）の査定根拠について質問したところ，本件不動産鑑定士は取引態様が借地契約の当事者間における取引であることによるとした上で，第三者間取引の価格は当事者間取引の価格より低くなると回答するのみであり，その事情補正の割合については客観的な数値による合理的な説明はなされておらず，請求人から当審判所に提出された資料によっても明らかにされていないから，事情補正の割合の適切さについても疑義がある。

本件鑑定評価書は，底地に係る比準価格の算定に当たり，本件周辺地域と取引事例４の所在する地域との地域格差率を100/127と査定し，そのうち環境条件（用途の多様性）について，取引事例４の方が優る（＋5）としている。

しかしながら，本件周辺地域および取引事例４の所在する地域は，いずれも都市計画法上の準工業地域であり，また，本件周辺地域は一般住宅，小工場等が混在する地域であり，取引事例４の所在する地域は一般住宅，共同住宅のほか事業所等も見られる住宅地域であって，用途の多様性の観点においては，両地域は同等であると認められるところ，取引事例４の所在する地域が本件周辺地域よりも用途の多様性で優る（＋5）とする客観的事情を見出すことはできない。

したがって，本件鑑定評価書が，地域要因の比較について，取引事例４の所在する地域が本件周辺地域よりも用途の多様性で優るとしたことが合理的であるとは認められない。

本件土地の公法上の規制は，都市計画法上の準工業地域で，建ぺい率60%，容積率200%で，周辺の地域は一般住宅，小工場等が混在する地域であるところ，本件土地の近隣に所在する公示地○○の公法上の規制は，都市計画法上の準工業地域で，建ぺい率60%，容積率200%で，周辺の地域は中小工場，小規模一般住宅等が混在する地域であり，本件土地と公法上の規制が同じで，周辺の土地の利用現況の特徴も類似し，本件土地との距離も直線距離で約300ｍと近い。

しかしながら，本件鑑定評価書が規準価格の算定に当たり選択した基準地○－○は，本件土地と公法上の規制が異なり，都市計画法上の第一種中高層住居専用地域で，建ぺい率60%，容積率150%である。周辺の土地の利用現況の特徴も本件土地とは明らかに異なっており，基準地○－○の周辺の土地の利用現況は一般住宅，アパートのほか駐車場も見られる住宅地域である。

したがって，基準地○－○を選択した本件鑑定評価書は，規準価格を算定する場合の公示地等の選択において適切さを欠いている。

上記のとおり，本件鑑定評価書は，①取引事例比較法による比準価格の算定において，取引事例の選択が適切とは認められず，事情補正の適切さについて疑義があり，地域要因の比較も合理的であるとは認められない上，底地の鑑定評価において考慮すべき事情の総合勘案が適切に行われているか否かについて疑義があること，および②更地価格を求めるに当たり算定した規準価格を求める場合の公示地等の選択が適切であるとは認められず，地域要因の格差率についても不適切であることからすると，本件鑑定評価額は本件土地の相続開始日における時価を適切に示しているものとは認められない。

本件鑑定評価額は，本件土地の相続開始日における時価を適切に示しているものとは認められないから，本件土地の価額の評価について評価通達の定めによらないことが正当と認められるような「特別の事情」があるとは認められない。

したがって，本件土地の価額は，評価通達の定めにより評価した価額によることが相当である。

コメント　請求人は，評価通達の定めにより評価した本件土地の価額は本体鑑定評価額を上回るので，評価通達の定めによらないことが正当と認められるような「特別の事情」がある。したがって，相続開始日における本件土地の価額は本件鑑定評価額によるべきだと主張した。

しかしながら，審判所は，本件鑑定評価額について，①取引事例比較法による比準価格の算定において取引事例としての規範性に劣る事例を採用していること，また，②取引事例における事情補正の適切さに疑義があること，さらに，③地域要因の比較において地域の比較に合理性が欠けていること，

④更地価格を求めるに当たり算定した規準価格について検討するに，規準価格を算定する場合の公示地等の選択において適切さを欠いていること，また，⑤規準価格の算定において地域格差の格差率が不適切で，規準価格の算定の合理性に疑義がある，と判断した。

したがって，審判所は，本体鑑定評価額は相続開始日における適正な時価とは認められないとした。

本件鑑定評価書は，鑑定評価の基本的なところで多くの指摘を審判所から受けており，信頼を失ってしまった。とても残念である。

【3】請求人は，相続により取得した土地の価額は鑑定評価額が相当であると主張するが，鑑定評価には比準価格，収益価格等において合理性が認められないので，評価通達の定めによらないことが正当と認められる「特別の事情」があるとは認められないとした事例

（東裁(諸)平25第16号・平成25年7月18日）

本件土地の概要　本件A土地，本件B土地の明細は別表のとおりである（本件A土地および本件B土地を合わせて本件各土地という）。

本件各土地はいずれも第一種低層住居専用地域（建ぺい率50%，容積率100%）にある。本件A_1土地は，当該土地に隣接する複数戸の住宅地へ進入するための通路として利用されていた。また，本件A_2土地は，包丁状の地形のほぼ平坦な土地で，その東端で本件A_1土地に接面しており，本件相続開始日において，自用の畑として利用されていた。

本件A土地の存する地域は，一般住宅のほか，共同住宅，駐車場および農地が混在している地域である。また，本件A土地とその周辺の土地は，ほぼ等高である。

本件B土地は，南側の市道にのみ接する不整形な土地で，北側部分は竹が生い茂る下りの急斜面となっており，その他の部分はほぼ平坦な土地である。本件B土地には，相続開始日に居宅のほか複数の付属建物が存し，請求人○○，請求人○○および本件被相続人の自宅の敷地として利用されていた。本件B土地の存する地域は，一般住宅のほか，共同住宅，駐車場および農地が混在した地域である。

本件A鑑定評価書については，取引事例比較法の取引事例Aは，登記事項証明書によれば，平成○年2月の取引時点で債権者による仮差押登記がされている物件の取引である。本件B鑑定評価書については，取引事例比較法の取引事例Bは，登記事項証明書によれば，公売による取引の事例である。

請求人の主張　原処分庁が評価通達の定めにより評価した本件各土地の各価額は，それぞれ当該時価を上回ることから，通達に定める評価方法によらないことが正当と認められる「特別の事情」がある。

<table>
<tr><th>地　目</th><th>地　積
（㎡）</th><th colspan="2">略　称</th><th>本件相続に係る遺産分割により取得した者（共有持分）</th></tr>
<tr><td>畑</td><td>36</td><td rowspan="3">本件A土地</td><td rowspan="2">本件 A_1 土地</td><td>請求人○○○○（1/2）
請求人○○○○（1/2）</td></tr>
<tr><td>畑</td><td>16</td><td>請求人○○○○（1/2）
請求人○○○○（1/2）</td></tr>
<tr><td>畑</td><td>737</td><td>本件 A_2 土地</td><td>請求人○○○○（1/2）
請求人○○○○（1/2）</td></tr>
<tr><td>宅地</td><td>1,071.07</td><td rowspan="3">本件B土地</td><td rowspan="2">本件 B_1 土地</td><td>請求人○○○○（1/2）
請求人○○○○（1/2）</td></tr>
<tr><td>宅地</td><td>396.69</td><td>請求人○○○○（133/396）
請求人○○○○（133/396）</td></tr>
<tr><td>山林</td><td>760</td><td>本件 B_2 土地</td><td>請求人○○○○（1/2）
請求人○○○○（1/2）</td></tr>
</table>

（注）　地目および地積は本件相続開始日時点の公簿による。

原処分庁の主張　相続により取得した財産の価額は，課税の公平性の観点から，評価通達の定めによらないことが正当として是認されるような「特別の事情」がある場合を除き，評価通達に定められた評価方法により評価することが相当であるところ，請求人が主張する本件各土地の各価額は，本件各土地の時価を適正に示している価額とはいえず，本件各土地の各価額の評価について，評価通達の定めによらないことが正当として是認されるような「特別の事情」はない。

審判所の判断　相続により取得した財産の価額は，評価通達の定めによらないことが正当として是認されるような「特別の事情」がある場合を除き，評価通達に定められた評価方法により評価した価額によることが相当である。

請求人は，本件各土地の価額について，請求人の主張する価額が本件相続開始日における本件各土地の時価であり，当該価額を上回る原処分庁の評価通達の定めにより評価した価額はいずれも時価を上回る価額であるから，本件各土地には評価通達の定めによらないことが正当として是認されるような「特別の事情」がある旨主張しているので，以下，請求人の主張する価額について順次検討する。

本件A鑑定評価は，比準価格の試算において，本件A土地の個別的要因として，①面大による減価を6％，②形状による減価を20%，および③市場性減退による減価を30%とし，併せて56%の減価を行っている。

これらの減価の理由は，①については，面積が50㎡増えるごとに1％減価して補正したものであるとの基準が示されているが，②については，本件A土地が通路部分と畑である裏画地部分に分かれ，裏画地に当たる部分の形状が大きく変形していることを総合的に考慮したものであり，③については，形状とは別に道路の行き止り部分に接しているという条件の悪さに加え，面大補正や形状補正では補正しきれない売りにくさを総合的に考慮したものであるとするのみで，それぞれ20%および30%の減額とした判断基準は明らかにされていない。そのため，これらの減価の割合は合理的なものであるか否かの判断ができないものである。

また，本件A鑑定評価は，比準価格の試算において，上記による56%の減価をした後の価額から，宅地に転用するための費用を控除した上，道路用地の買収費用380万円（82,000円／㎡）を控除している。

この控除の理由については，開発行為によらない場合においても道路幅員を4.5ｍ確保する必要があるためであるとし，本件A_1土地の隣接地を買収した上で本件A_1土地とともに位置指定道路とすることを想定したものとしている。

しかしながら，本件A_1土地および本件A_1の隣接地について，建築基準法上の道路の位置指定を受けるために，両土地の全ての所有権を有する必要はなく，本件A_1の隣接地の所有者の承諾を得ることで足りるのであるから，買い取ることが必要不可欠であるとまではいえない。したがって，比準価格の試算において，道路用地の買収費用を控除する合理性は認められない。

取引事例については，本件A鑑定評価が取引事例比較法において採用している取引事例は，取引事例AないしDの4事例のいずれも事情補正を100分の100としているところ，取引事例Aについては，仮差押登記がされた状態での取引であり，一般的には売り急ぎとして取引価格が低位に求められていることが推察されるにもかかわらず，取引事例として採用するに当たり，事情補正が不要であることの理由が示されていないことから，当該事情補正は，その合理性を判断することができないものである。

本件A鑑定評価は，比準価格の試算の場合と同様に，道路用地の買収費用を控除しているところ，収益価格の試算において，その費用を控除する合理性は認められない。

以上のことから，本件A鑑定評価における比準価格，収益価格および規準価格には，いずれも合理性が認められず，本件A鑑定評価額は，本件A土地の相続開始日における客観的交換価値を適切に示しているものと認めることはできない。

本件B鑑定評価が取引事例比較法による比準価格の試算で採用している取引事例Bは，公売による取引事例であるところ，事情補正率を100と査定して，事情補正は行っていない。取引事例として採用するに当たり，事情補正が不要であることの理由が示されていないことから，当該事情補正はその合理性を判断することができないものである。

本件B鑑定評価額の決定に当たり，開発法による試算価格を重視し，取引事例比較法による比準価格を参酌し，さらに規準価格にも留意したとしているが，収益価格については試算・検討をしておらず，また，本件B鑑定評価書上，試算・検討をしなかった理由は記載されていない。

しかしながら，不動産鑑定評価基準は，更地の鑑定評価額について，①比準価格および収益価格を関連付けて決定するものとし，②再調達原価が把握できる場合には，積算価格をも関連付けて決定すべきとし，さらに，③近隣地域の標準的な土地の面積に比べて大きい土地の場合には，開発法による価格を比較考量して決定するものとする旨を定めている。

そうすると，本件B鑑定評価書は，不動産鑑定評価基準に準拠していないものであり，また，準拠しなかった理由（鑑定評価額の決定手法）が適正であったか否かについても判断することができないものである（なお，この点について，本件不動産鑑定士は，収益価格を試算しなかった理由について，対象不動産の地積が大きいため，共同住宅を前提とした価格形成は考えにくく，収益価格の算出にはなじまないためとするが，地積が大きいことのみでは，理由として十分なものとはいえず，鑑定評価額の決定手法が適正であったか否かを判断することもできない）。

また，本件B鑑定評価は，比準価格および規準価格を開発法の基本式に準じた算式により試算していることから，本件B鑑定評価額は同じような視点から求めた試算価格に基づくものであり，異なった視点から求めた各試算価格を関連付けて決定されたものとはいえないから，合理性のあるものとはいえない。

以上のことからすると，本件Ｂ鑑定評価は合理性を欠くなどの問題点を有するものであるから，請求人の主張する本件Ｂ鑑定評価額は，本件Ｂ土地の相続開始日における客観的交換価値を示す価格ということはできない。

以上のとおり，請求人の主張する本件各土地の評価方法は，いずれも合理性があるとは認められないことから，請求人の主張する各価額は，相続開始日における本件各土地の客観的交換価値を示しているとは認められず，ほかに評価通達の定めにより評価した価額が本件各土地の時価を上回るとする事実も認められないことから，本件各土地の評価について，いずれも評価通達の定めによらないことが正当と認められる「特別の事情」はないといえる。

したがって，本件各土地の価額は，評価通達の定めに基づき評価することが相当である。

なお，請求人は，本件Ａ鑑定評価において，本件 A_1 土地と本件 A_2 土地を一体として鑑定評価しているが，評価通達の定めに基づき評価するに当たっては，相続開始日において，本件 A_1 土地は通路として，本件 A_2 土地は畑として，それぞれ利用されていたことから，雑種地および畑として別々に評価することとなる。

本件各更正処分については，請求人の課税価格および納付すべき税額を計算すると，いずれも本件各更正処分の額を上回るから，本件各更正処分はいずれも適法である。

コメント　審判所は，本件Ａ鑑定評価の比準価格を求めるに際して，取引事例Ａは仮差押登記のある状態での取引にもかかわらず事情補正が不要であることの理由の記載がないこと，および本件Ａ土地の個別的要因において56%の減価を行っているが，その判断基準を明らかにしていないので，その減価の割合が合理的か否かの判断ができない。したがって，請求人の鑑定評価書は合理性がないので，評価通達による価額が相当である，と判断した。

また審判所は，本件Ｂ鑑定評価の比準価格を求めるに際して，取引事例

B は公売による取引事例にもかかわらず事情補正をしていないこと，および更地価格を求めるに際して収益価格を試算しなかった理由を，地積が大きいので収益価格の算出にはなじまないというのみの記載では理由としては十分とはいえないので，本件 B 鑑定評価は合理的なものとはいえないと判断した。

したがって，本件 A 鑑定評価および本件 B 鑑定評価は，相続開始日における客観的な交換価値を示しているとはいえないので，いずれも評価通達の定めによらないことが正当と認められる「特別の事情」はないと審判所は判断した。

【4】本件土地が存する地域では，近年分譲マンションの建設がないにもかかわらず，マンションの建築を想定した開発法を採用し，その価格を関連付けて求めた鑑定評価額は無理があり不適切であるとされた事例

（東裁（諸）平8第113号・平成8年12月19日）

本件土地の概要 本件土地は，地積726.54㎡（間口約37m，奥行約18m）のほぼ長方形の角地である。平坦で等高に道路に面している。現況において道路の中心から2mセットバックされている。第2種住居専用地域（60%，300%）に存する。ただし，接面道路の幅員（4m未満）による基準容積率は160%である。周囲の状況は，戸建住宅や低層共同住宅が多く，比較的閑静である。

請求人の主張 相続により取得した本件土地を評価通達に定める評価方法によらず，鑑定評価額5億7,100万円と評価すべきであるとして行った請求人の更正の請求を認めなかった原処分は不当かつ違法であるから，その全部の取消しを求める。

原処分庁の主張 原処分は，次の理由により適法かつ正当であるから，審査請求を棄却するとの裁決を求める。

相続税の課税価格に算入する本件土地の価額については，原処分庁の調査によれば，次の事実が認められる。

原処分庁が不動産鑑定士に依頼して得た不動産鑑定評価書によれば，本件土地の評価額は7億4,800万円，1㎡当たりの価格は103万円である。

本件鑑定書において，本件土地の最有効使用は近隣地域の標準的使用である低層住宅地であるとしながら，中層マンション用地として開発法を採用して本件土地の鑑定評価額を求めることには疑問がある。

平成○年9月16日現在，本件土地上には3棟の建物が存在し，3区画に区分して利用されている。

したがって，本件土地には，標準的画地の土地が集まっていると認めるのが相当であるから，いわゆる面大地として特別に減価する必要は認められない。

以上のことから，本件土地の相続税の課税価格に算入すべき価額として本件鑑定評価額を採用することはできない。

異議決定を経た後の原処分に係る本件土地の相続税評価額7億2,457万円は本件土地の相続開始日現在の原処分庁の鑑定評価額7億4,800万円を下回っている。

審判所の判断

本件土地の価額については，請求人が審判所に提出した資料，原処分関係資料および審判所の調査によれば，次の事実が認められる。

請求人は，本件土地の価額を7億3,249万円と算定して申告したこと。請求人は，本件土地の価額は本件鑑定評価額の5億7,100万円とすべきである旨の更正の請求をしたこと。

請求人は，本件土地の価額は本件鑑定評価額によるべきであると主張するので，検討したところ，次のとおりである。

相続税法第22条は，相続により取得した財産の価額は，特別の定めのあるものを除き，当該財産の取得の時における時価による旨規定している。この時価とは，相続による取得の時において，それぞれの財産の現況に応じ，不特定多数の当事者間で自由な取引が行われる場合に通常成立すると認められる価額，すなわち客観的な交換価値を示す価額をいうと解される。

そこで，本件鑑定評価額について検討すると，次のとおりである。

本件鑑定書は，別表(略)の「取引事例比較法」の欄のとおり，CないしFの各取引事例から比準し，想定標準地の推定標準価格を算出していることが認められるが，これらの取引事例については，その具体的な所在地が明らかにされておらず，また，当審判所の調査によっても，当該事例の存在が確認できないため，当該価格を検証することができない。

不動産の最有効使用の判定に当たっては，近隣地域に存在する不動産の標準的使用との相互関係とともに，①一般的な使用方法であること，②使用収益が将来相当の期間にわたって持続し得る使用方法であること，および③効用を十分発揮し得る時点が予測し得ない将来でないことに留意すべきものと解されているところ，本件土地の最有効使用は，本件鑑定書が分析しているように低層住宅地としての中規模の一般住宅もしくは低層の共同住宅の敷地であると解することについては当審判所が調査したところと一致し，相当と認められる。

ところで，本件鑑定書は，上記のとおり本件土地の近隣地域における標準的使用は低層住宅地で本件土地に係る最有効使用は近隣の標準的使用と同じであるとし，想定標準地を200㎡程度の低層住宅地であると分析しているにもかかわらず，本件土地の一体利用を前提とした中層マンションの建築分譲を想定して開発法を採用して求めた価格を関連づけて鑑定評価額を決定していることが認められるから，本件鑑定書における開発法の採用は地域要因の分析および個別的要因の分析の結果を踏まえたものとみることはできない。

また，当審判所の調査したところによれば，①本件相続開始日の属する平成○年中に，○○地区で地積 600㎡を超え基準容積率 200％の画地に賃貸マンションが，また，同地区と隣接する地区で地積 600㎡を超え基準容積率 240％の画地に分譲マンションがそれぞれ建設されていることが認められるものの，本件土地が所在する地区の第 2 種住居専用地域で基準容積率が 160％である地域においては，近年，分譲マンションの建設は行われていないこと，②仮に開発法を採用し，本件土地上に中層マンションを建築すると想定したとしても，本件鑑定書が市場性を反映した実証的で規範性の高い価格であるとする比準価格 6 億 7,100 万円から開発法を適用した場合の容積率を計算すると 228％を要することが認められ，この容積率は上記に述べた分譲マンションの容積率をやや下回ることを併せ考慮すると，160％の基準容積率しか有さない本件土地に開発法を採用し，分譲マンションの建築を想定することには無理があり，不適切であると認められる。

以上により，本件鑑定書において本件土地の最有効使用と異なる中層マンションの建築分譲を想定し，開発法を適用して求めた価格 4 億 7,100 万円は採用することができない。

上記のとおり，取引事例比較法を採用して求めた本件土地の比準価格 6 億 7,100 万円を検証することができず，開発法を適用して求めた価格 4 億 7,100 万円を採用することができないから，取引事例比較法を採用して求めた価格に 50％，開発方式を採用して求めた価格に 50％のウエイト付けを行い，端数を整理の上鑑定評価額を決定したとする本件鑑定評価額 5 億 7,100 万円を採用することができない。

以上により，本件鑑定評価額は，本件土地の客観的な交換価値を示しているものとは認められない。

当審判所の調査によれば，基準容積率が 160％である土地の売買実例が本件土地の近隣地域内ならびに○○を中心として隣接し，本件土地の近隣地域と同一需給圏内に存すると認められる○○およびその類似地域内に各 1 件存在することが認められる。

そこで，当審判所が，これらの売買実例3件および本件公示地について，不動産鑑定評価基準ならびに土地価格比準表を準用し，取引事例比較法による比準価格と本件公示地からの規準価格を算出し，これら相互の均衡を図るほか，本件土地の画地規模に基因する利用効率を考慮して本件土地の本件相続開始日現在の価額を算定すると，7億837万6,500円となる。

請求人は，本件鑑定評価額5億7,100万円は，専門家たる不動産鑑定士が，不動産鑑定評価基準に基づき，個別性の強い本件土地の適正な客観的交換価値を求めたものであって，税務上の時価としても適正なものであり，評価通達に基づく評価額は時価を上回っている旨主張する。

しかしながら，確かに，鑑定評価は相続税法第22条に規定する時価を検討する上での一つの判断要素であるとしても，個々の鑑定評価が評価対象地の同条に規定する時価として真に適正なものか否かについては，個別具体的に鑑定評価の内容等を検討して判断すべきであるところ，本件鑑定評価額は，上記で述べたとおり，相続税法第22条に規定する時価，すなわち客観的な交換価値を示す価額とは認められないから，この点に関する請求人の主張には理由がない。

原処分庁は，A売買実例およびB売買実例のそれぞれの1㎡当たりの譲渡価額ならびに本件公示地の平成○年1月1日現在の価格に，本件公示地の価格の推移に基づく時点修正率を乗じて，本件相続開始日現在の各価額を算出した後，本件土地とそれぞれの地点との距離および画地条件による価格差を，評価通達およびそれぞれの地点に付された路線価を基に修正して算定した本件土地の価額は，いずれも本件土地の相続税評価額を上回っているから，本件通知処分は適法であると主張する。

しかしながら，原処分関係資料によれば，原処分庁が採用したA売買実例およびB売買実例は，いずれも基準容積率200％の土地であって，本件土地の基準容積率は160％であることが認められるところ，本件土地の価格形成要因として基準容積率は特に重要な要素であると認められるから，本件土地の同一需給圏内あるいはその近隣地域内に基準容積率160％の土地の売買実例がない場合はともかく，基準容積率が200％の土地の売買実例との比較のみにより本件土地の相続開始日における価額を判断することは不適切であると解される。

そこで，当審判所が基準容積率160％の土地の売買実例を基に本件土地の相続開始日現在の価額を算定したところ，上記のとおり7億837万6,500円となり，この価額は原処分に係る本件土地の価額7億2,457万5,034円を下回っている。

したがって，この点に関する原処分庁の主張は採用することができない。

そこで，審判所が，容積率が等しい土地の売買実例を基に本件土地の価額を算定したところ原処分庁主張の価額を下回るので，その一部を取り消す。

コメント

本件鑑定評価（請求人）の取引事例比較法において採用した3事例の具体的な所在が明らかにされておらず，また，審判所の調査においても当該取引事例の存在が確認できなかったので，審判所は請求人の鑑定評価額の検証ができないと指摘した。

取引事例は実在する事例を採用するのが基本である。また，本件のように争いの火中にあるので，審判所の指摘があれば，それに対応し，所在の確認をすべきところ，出来なかったことは残念である。鑑定評価の信頼を失う結果になったのは重ね重ね残念である。

本件土地がある第2種住居専用地域で基準容積率が160%である地域においては，近年，分譲マンションの建築はないので，マンションの建築を想定して開発法を採用して求めた価格を関連づけて鑑定評価額を決定しているが，分譲マンションの建築を想定するには無理があり，不適切であると審判所は指摘した。

審判所は，本件土地周辺で基準容積率200%の画地や同240%の画地には分譲マンションが建築されているが，基準容積率が160%のところではマンションが存在せず実情に合わないと述べている。本件土地周辺の利用状況をよく調査することの大切さを感じる。

原処分庁が採用した売買事例について基準容積率が200%の事例を採用しているが，本件土地の価格形成要因として基準容積率は特に重要な要素であると認められるから，基準容積率160%の土地の事例があるにもかかわらず基準容積率200%のみによる事例の採用は不適切であると，審判所は述べている。物件毎に特性があり，物件の存する地域をよく分析し，適切な事例を採用する必要性を感じる。

【5】請求人鑑定評価により求められた比準価格および収益価格は合理性を有するとは認められないとされた事例

（東裁（諸）平24第69号・平成24年10月5日）

本件土地の概要 本件土地は地積745.68㎡の長方形の角地で，本件土地上には鉄骨造5階建ての賃貸用共同住宅がある。また，本件土地は，本件土地上の建物の賃借人等が利用する賃貸用駐車場として利用されている。用途地域は，第一種住居地域（建ぺい率60%，容積率300%）である。

請求人の主張 請求人鑑定評価額は，次のとおり，本件土地の個別事情等を考慮して適正に評価されており，相続税法第22条の時価である。

比準価格の査定において収集および採用する取引事例は，原則として近隣地域または同一需給圏内の類似地域に存するものから選択するところ，同一需給圏内に存するか否かは最寄駅への距離を考慮して判定されるべきであり，原処分庁が主張するように，河川による隔たりの如何は評価対象地と取引事例との価格牽引性を否定するものではない。

取引事例 A_4 は，その取引日が本件相続開始日に近く小規模な画地以外の取引事例であり，かつ，道路の幅員および駅への距離等が本件土地と類似する同一需給圏内の類似地域に存しているのであって，取引事例の採用は適切である。

一般的な鑑定評価の現場のみならず，公的な鑑定評価の現場における実情は，土地価格比準表の格差率を参考としつつも評価対象地の存する地域の実状に応じて独自の格差率を採用しているところ，本件地積過大地各取引事例から判断できる上記減価率を考慮すると，本件土地鑑定が，比準価格の査定において，個別的要因における市場性（規模大）の要因として20%の減価（以下，本件20%減価という）をしていることは適正である。

原処分庁の主張 相続税法第22条の時価については，評価通達に定められた評価方法を画一的に適用するという形式的な平等を貫くとかえって実質的な租税負担の公平を著しく害することが明らかであるなどの「特別の事情」がある場合を除き，評価通達に基づき算定された価額によるべきであると解されるところ，次のとおり，請求人鑑定評価額は適正に評価された評価額とは認められないのであるから，本件においては，評価通達によらないことが正当と認められる「特別の事情」はない。

したがって，本件土地の価額は，評価通達に定められた評価方法により算定された原処分庁評価額によるべきである。

本件土地鑑定は，比準価格の査定において本件 20% 減価をしているが，①本件土地について地積を要因とする個別格差を考慮する必要があるか否かは不明であるし，②仮に地積を個別格差として考慮する必要があるとしても，国土庁（現国土交通省）が作成した合理的な比準方法を示す土地価格比準表において，地積を要因とする価格の格差は最大 10% の範囲内にとどまるとされていることからすると，本件 20% の減価は過大である。

不動産の取引価格の水準は，地積を含む自然的要因だけでなく，社会的要因，経済的要因および行政的要因の影響を受け，さらに，不動産の利用目的や売買当事者の取引事情等の影響も受けるところ，請求人は，本件地積過大地各取引事例について，地積の点以外の個別事情等を明らかにしておらず，地積が大規模であるという要因のみをもって，本件地積過大地各取引事例の各取引価格が請求人主張の各比準価格に比べて 25% ないし 50% の減価をしていることは認められない。

したがって，この点に関する請求人の主張は，本件 20% 減価をすることの合理性の根拠とはなり得ない。

審判所の判断　本件土地の評価について，評価通達の定めによらないことが正当と認められる「特別の事情」の有無を判断するに当たり，以下においては，まず，請求人鑑定評価額が相続開始日における時価を適切に示しているか否かについて述べる。

本件土地鑑定については，基礎事実および認定事実に基づき，本件土地鑑定評価額を決定する際に試算された原価法による積算価格および収益還元法による収益価格の当否について述べる。

原価法による積算価格について，取引事例 A_1 の土地の状況等からすると，取引事例 A_1 の存する地域は，本件土地の周辺地域に比べて，居住環境の要因のうち，道路の設備，景観において優れており，他方，街区および街路の設置状況において劣っていると認められるが，他の居住環境の要因において差異は認められない。

そうすると，取引事例 A_1 の試算価格の査定に当たり，環境条件のうち住環境等の要因が 15% も優れているとしたのは過大である。

また，本件土地鑑定では，原価法による積算価格の査定上，市場減価修正による10%の減価を行っている。

この10%の市場減価の当否についてはおくとして，本件土地鑑定が前提とするように土地および建物一体としての市場減価をする必要がある。いうならば，賃貸用共同住宅が建っている取引事例 A_1 の試算価格の査定においても市場減価による補正を行うべきことになるはずである。しかしながら，取引事例 A_1 の試算価格の査定においては，市場減価による補正は行われておらず，鑑定として一貫性を欠くものといわざるを得ない。したがって，取引事例 A_1 の試算価格は合理性を有するとは認められない。

取引事例 A_3 の試算価格については，取引事例 A_3 の土地の状況等からすると，取引事例 A_3 の存する地域は，本件土地周辺地域に比べて，居住環境の要因のうち，日照，通風，景観および危険性等において劣っていると認められるが，他の居住環境の要因において優れているとは認められない。

そうすると，取引事例 A_3 の試算価格の査定に当たり，環境条件のうち住環境等の要因が5％も優れているとしたのは過大である。

したがって，取引事例 A_3 の試算価格は合理性を有するとは認められない。

本件20%減価を行うことの当否については，請求人は，本件地積過大地各取引事例の各取引価格は請求人主張各比準価格に比して，市場性（規模大）の要因のみにより25%ないし50%程度が減価されているとした上でこのことを考慮すると，本件20%減価を行うことは適正である旨主張する。

しかしながら，上記のように本件地積過大地各取引事例の各取引価格が市場性（規模大）の要因のみにより25%ないし50%程度減価されていると主張するのであれば，あらかじめ適切な補正を行って取引価格の決定に影響を及ぼす個別的要因を本件地積過大地各取引事例の各取引価格に反映させておかなければならないが，請求人は，取引価格の決定に影響を及ぼす市場性（規模大）の要因以外の個別的要因について補正を一切行うことなく，本件地積過大地各取引事例の各取引価格と請求人主張の各比準価格とを比較している。

このような請求人の比較の手法を前提とすると，上記25%ないし50%程度の減価を市場性（規模大）の要因のみに特化した減価割合とみることはできないというべきであり，本件20%減価を行うことが適正であるとの請求人の主張は根拠を誤るものである。

以上から，比準価格の査定において，本件20%減価を行うことは相当でない。

以上からすると，本件土地鑑定の原価法による積算価格は合理性を有するとは認められない。

次に，収益還元法による収益価格については，総収入に係る本件駐車場の賃貸料収入について本件土地鑑定は，本件駐車場の賃貸料収入を9台分として査定しているが，本件駐車場は本件相続開始日現在において12台分の賃料収入が認められ，かつ，駐車可能台数でみても14台分であると認められることからすれば，収益価格の査定において，総収入に係る本件駐車場の賃料収入を9台分として査定したことには合理性が認められない。

以上からすると，本件土地鑑定の収益還元法による収益価格も合理性を有するとは認められない。

以上のとおり，①原価法による積算価格および②収益還元法による収益価格のいずれも合理性は認められないから，本件土地鑑定評価額が本件土地の相続開始日における時価を適切に示しているとは認められない。

結論として以上のとおりであるから，本件土地について，評価通達の定めによらないことが正当と認められる「特別の事情」はなく，評価通達により評価した価額が時価を上回る価額であるとする請求人の主張には理由がない。

したがって，本件土地の価額は，合理性を有する評価通達の定めにより評価した価額によることが相当である。

コメント

請求人は，原処分庁が評価通達に基づいて算定した価額は，請求人鑑定評価額に比べて高いので，本件土地の相続開始日の時価は評価通達によらないことが正当と認められる「特別の事情」があるから，請求人鑑定評価額によるべきだと主張した。

請求人鑑定評価額は，本件土地の更地価額を求めるにあたり，取引事例比較法による比準価格および土地残余法による収益価格を関連付けて鑑定評価額を決定しているが，審判所は，取引事例比較法による比準価格に採用した取引事例の市場減価補正や地域要因格差の補正等が適正に行われているとは認められず，このようにして求められた試算価格は合理性を有するとは認められないと判断した。また，比準価格を求めるにあたり標準画地に比べて規模大による市場性減価を行っているが，減価（△ 20%）は相当ではないと判断した。さらに比準価格が妥当であるか否かをチェックするにあたり公示地を採用し規準しているが，採用した公示地は本件土地とは類似性が乏しいのは明らかで，適切ではないと判断し，本件土地の比準価格は合理性を有するとは認められないと判断した。

請求人鑑定評価額は，土地残余法による収益価格を求めるにあたり，①総収入における駐車場の賃貸料収入において駐車台数に誤りがあるので，収益価格の査定には合理性が認められない。②割引率についても，高めに求められているが，適切とは認められないので，本件土地の収益価格も合理性があるとは認められないと，審判所は判断した。

以上を踏まえ，審判所は，請求人鑑定評価額は本件土地の時価を適正に示しているとは認められないので，評価通達の定めによらないことが正当と認められる「特別の事情」はなく，本件土地の価額は評価通達の定めにより評価した価額によることが相当であると判断した。

【6】請求人は，本件土地等は一画地の造成前宅地として評価すべきと主張するが，本件借地と本件土地を一画地とし，本件畑を一画地として各々を別々に評価するのが相当であり「特別の事情」があるとはいえないとした事例

（大裁（諸）平23第11号・平成23年10月3日）

本件土地の概要 本件土地の地積は1,136㎡，本件申告借地権の地積は148.16㎡であり，本件土地と本件申告借地権を合わせて本件土地等という。

本件土地の北東部分には，相続開始日において未登記であった本件家屋1と，専用住宅・木造，固定資産税の評価床面積29.88㎡（以下，本件家屋2という）が存在している。なお，本件家屋2については，請求人の弟が昭和60年12月4日まで居住していたが，その後は被相続人が物置として利用していた。

本件家屋1と本件家屋2の間には，生活用家財等を保管するために利用されている構築物（以下，本件構築物という）が存在している。

本件土地のうちの畑部分（本件畑）については，本件土地の近隣に居住する○○が本件相続開始日の約7年前頃から畑として無償で使用するなど，実際に畑として利用されてきた。

本件借地は，○○および○○がそれぞれ2分の1の共有持分を有する土地である。そして，その地積測量図によると，その形状はほぼ長方形である。また，本件借地上に存する本件家屋1は木造瓦葺平屋建ての居宅で，その登記簿上の床面積は49.58㎡であり，昭和63年1月31日に相続により被相続人に所有権が移転したものである。

なお，本件借地権の地代は年間27万6,000円であり，被相続人または請求人から○○に支払われていた。

請求人の主張 本件土地は，間口が正面路線に1.4mしか接していないため，正面路線価の影響を受けているとはいえず，また，開発できない土地であることから，開発行為による土地利用を前提とした評価通達40-2により本件土地を評価すべきでない。

また，本件土地への進入路の確保については，本件借地の地主である○○や本

件土地の南端の東側に隣接する土地を所有している○○に対して，過去から数々の努力を行ってきたが，相手からの法外な値や無理難題により実現しなかったものであり，隣接地の取得は不可能である。

したがって，本件土地については，評価通達を適用して評価することが不合理であると認められる「特別の事情」がある。

本件土地等の評価単位については，本件土地と本件借地権は利用状況が全く異なっており，本件鑑定書のとおり，本件土地と本件畑は，現況畑等であるが，生産緑地の指定がなく，住宅地域に存するほぼ平坦地であるので，接続する一画地の造成前宅地として評価する。

本件土地の価額は，本件鑑定書に記載された本件鑑定評価額○○である。本件土地は開発不可能な経済価値の低い土地であるから，少なくとも本件鑑定評価額を上回ることはない。

原処分庁の主張　本件土地は，本件土地の南端にある路線価○○の路線に接しており，建築基準法第43条に規定する接道義務を満たしていないものの，本件土地の隣接地を取得することで接道義務を満たし，開発が可能となることから，開発できない土地ではない。また，本件土地が所在する地域は，法令により開発が禁止されている地域でもない。

また，評価通達40-2により適用される広大地補正率は，評価対象地の形状，道路との位置関係など，請求人の主張するような本件土地の個別的要因の事情補正が考慮されている。

したがって，本件土地については，評価通達による評価により難い「特別の事情」があるとは認められない。

本件土地等の評価単位については，本件土地と本件畑の利用状況が異なることから別画地として評価すべきであり，本件土地と本件借地権とは地目が異なるものの一体として利用されている一団の土地（一画地）として評価する。

なお，本件鑑定書には，①利用状況の異なる本件畑と本件土地を一画地として評価していること，②標準的画地に対する不整形および間口補正ならびに画地規模や埋蔵文化財の発掘調査による市場性の減価が過大であること，③取引事例地の選定に問題があることから，本件鑑定評価額を時価として採用することはできない。

審判所の判断 請求人は，本件土地の時価は本件鑑定書に記載された鑑定評価額である旨主張する。

しかし，本件鑑定書の評価には，次のとおり不合理な点が認められる。

本件土地には，本件家屋1の一部，本件家屋2および本件構築物が存在しており，本件相続開始日においてこれらの建物が居宅および物置等として利用されていた他，本件土地の一部が畑として利用されていたにもかかわらず，本件鑑定書においては，造成前宅地（更地）として鑑定評価がされており，また，本件鑑定書においては，これら利用状況の異なる本件畑と本件敷地を一画地として鑑定評価がされている。この点に関し，本件土地を宅地として一体利用することがその効用を最大に発揮するとの観点から造成前宅地として鑑定評価を行ったとしている。

以上の検討からすれば，本件鑑定書の評価方法は合理性が高いものということはできない。したがって，本件鑑定書に記載された鑑定評価額を直ちに採用して本件土地の時価（客観的な交換価値）であると認めることはできず，また，上記鑑定評価額と評価通達に定める基準に従って評価した本件土地の評価額とがかい離しているとしても，そのことから直ちに評価通達に定められた評価方式によらないことが正当として是認されるような「特別の事情」があるということもできない。

本件土地等の評価単位については，請求人は，本件借地と本件土地は利用状況が全く異なっており，本件鑑定書のとおり，本件土地と本件畑は，現況が畑等であるが，生産緑地の指定がなく，住宅地域に存するほぼ平坦地であるので，接続する一画地の造成前宅地として評価する旨主張する。

しかしながら，評価通達7および同通達7-2によれば，土地の価額は，地目の別に評価し，宅地は利用の単位となっている一区画（一画地）の宅地ごとに，市街地農地は利用の単位となっている一団の農地ごとに評価することとされており，上記通達の定めは相続税法が規定する時価の評価方法として合理的なものと認められるところ，本件土地等の利用状況からすると，本件家屋1，本件家屋2および本件構築物が存在するそれらの敷地，すなわち，本件借地と本件土地とは一区画として利用されているということができるから，本件土地等の評価単位は，本件借地と本件土地を一画地の宅地とし，本件畑を一画地として，それぞれ区分して評価することが相当である。したがって，請求人の主張は採用することができない。

本件土地の評価額については，評価通達に定められた評価方式によらないことが正当として是認されるような「特別の事情」は存在しないことから，本件土地の時価は，評価通達の定める基準に従って評価すべきであるところ，当審判所が評価通達に基づいて評価した本件土地の評価額は次のとおりとなる。

本件土地の評価額は，本件借地と本件土地は一画地の宅地として評価するのが相当であるから，本件土地と本件借地権の正面路線価については，西側路線を採用することになる。そうすると，上記一画地の宅地の間口距離は 3.9 m，奥行距離は 43 m となり，奥行価格補正（補正率 0.92）および不整形地の補正（補正率 0.67）を行うと，本件土地の評価額は○○となる。

本件畑の評価額は，本件畑の正面路線価については，本件借地上に本件家屋 1 が存在していることから，西側路線との接道義務を満たす幅員 3 m を確保するためには，本件家屋 1 を取り壊す必要があるが，それは物理的にも困難であること，また，上記幅員を確保した場合，残りの借地部分のみでは従来利用していた目的に供することが著しく困難になる（宅地としての利用が制限される）ことからすると，西側路線を採用するのは相当とはいい難く，建築基準法その他の接道制限に関する法令において規定されている建築物の建築に必要な道路に接すべき最小限の間口距離を確保するために必要最小限度の通路を開設するとした場合に当該通路部分の費用負担が少ない南側路線を採用するのが相当である。そうすると，本件畑の間口距離は 1.4 m，奥行距離は 65 m となり，奥行価格補正（補正率 0.85）および不整形地の補正（補正率 0.74）ならびに無道路地の補正（接道義務を満たすために必要最小限度の通路（底辺および高さがそれぞれ 0.6 m の三角地（面積 0.18 m）を開設しなければならないことによる補正））を行うと，本件畑の評価額は○○となるが，他方で，広大地の補正を行うと○○となるから，結局，本件畑の評価額は，上記評価額のうちの低い方の価額である○○となる。

本件借地権の評価については，評価通達により評価することに請求人および原処分庁に争いはなく，請求人は評価通達に基づく評価額として○○としているが，当審判所が評価通達に基づいて評価したところによると，本件借地権の評価額は本件土地と一画地として評価することになる。

したがって，本件相続に係る土地の評価額の合計は○○となり，この金額は原処分庁主張額と同額となるから，原処分に違法はない。

コメント 請求人は，本件土地は南側路線に幅員 1.4ｍしか接面せず，なおかつ，開発不可能な土地なので，評価通達 40-2《広大な市街地農地等》の評価を適用すべきではないと主張する。また，本件土地の通路の確保のため隣接地の買取交渉を行ってきたが交渉が進まない土地なので，上記通達 40-2 により評価することは不合理と認められる「特別の事情」があると請求人は主張するが，審判所は評価通達を適用して評価することに不合理と認められる「特別の事情」はないと請求人の主張を否定した。

また，請求人の鑑定評価は，本件土地を一画地として造成前宅地として評価しているが，審判所は本件土地および本件借地権は現況宅地で建物等の敷地の用に供され，現況畑とは評価単位を別々に区分すべきであると判定している。相続税法上の土地の時価評価をするのであるから，評価通達 7《土地の評価上の区分》からして基本に忠実に判定すべきかと思う。鑑定評価する場合には評価単位に注意して評価すべきかと思う。

【7】請求人の鑑定書に採用された取引事例が不適当であり，なおかつ，地域要因の格差率等に誤りが認められるので，請求人鑑定書は採用できないとした事例

（大裁（諸）平 18 第 74 号・平成 19 年 4 月 23 日）

本件土地の概要 本件土地は，間口 28 m，奥行 40 m の不整形地で，三方道路に接面する宅地である。第一種中高層住居専用地域（一部準住居地域，建ぺい率 60%・容積率 200%）に存する。

請求人の主張 評価通達による評価が不合理と認められる「特別の事情」があるから，評価通達に基づき評価することは相当ではなく，鑑定評価により評価すべきである。

請求人は，相続開始後，直ちに，本件不動産について，農協から紹介してもらった不動産鑑定士に鑑定評価を依頼した。

本件不動産の相続税法第 22 条にいう時価は，本件鑑定評価額である。

原処分庁の主張 以下に述べるとおり，評価通達による評価が不合理と認められる「特別の事情」はないから，評価通達に基づき評価すべきである。

本件鑑定によれば，取引事例比較法による比準価格および収益還元法による収益価格を関連付け，開発法による価格を比較考量して，本件土地の価格を査定し，さらに，当該価格について公示地を規準とした価格（以下，規準価格という）との規準を行い，本件土地の鑑定評価額を決定するとされているが，本件土地の鑑定評価額は，その算定に次の問題点があるため，採用することはできない。

比準価格は，4 件の取引事例に係る各査定価格を比較考量し，これらのほぼ中庸値を基に試算されている。しかしながら，4 件の取引事例に係る各査定価格の算定上，標準化補正，地域要因の比較および個別的要因の比較などによるしんしゃくが行われているが，各取引事例地との比較の対象とされた「各取引事例地の属する近隣地域の標準的画地」や地域要因については何ら明示されていないため，標準化補正および地域要因の比較が適正であるか否かが定かでない。

したがって，4 件の取引事例に係る各査定価格およびそれらの中庸値である比準価格は，適正に評定されたものと認めることはできない。

本件不動産の価額は評価通達の定めに従って評価するのが相当である。

上記の金額の範囲内で行われた本件更正処分は適法である。

審判所の判断

地価変動については，本件土地の所在する地域の○○の公示価格の各路線価および本件各土地の面する路線価は，年間下落率が最大で7.7%であるから，その評価時点から相続開始日までの間に20%を超える下落があったものとは認められない。

そして，路線価は公示価格の80%程度の水準で評定されていることからすれば，本件土地が面する路線に付された各路線価は，相続開始日の時価を超えるものではないと認められる。

したがって，本件各土地の価額について評価通達を適用して評価することが著しく不適当であるとは認められない。

請求人は，相続開始時と同時期において，本件土地の近くで，本件土地と規模をほぼ同じくする本件各公売土地の公売価額が路線価の約7割程度であることから，評価通達による評価が不合理と認められる「特別の事情」がある旨主張する。

しかしながら，公売においては，買受け後の返品，取替え等につき制約を受けること，その財産の品質，機能等について買受け後の保証がないこと，買受け希望者が「ほしいもの」を自由に選択して買い受けることが困難であること等の理由により，財産の所有者が任意に処分する場合よりも市場性が局限されることなどから，その売却価額が客観的時価より低額であることが通例であり，さらに，本件においても，いずれも最低売却価額で公売されていることからすれば，本件各公売土地の公売価額が路線価の約7割程度であることをもって，本件土地に係る評価通達による評価が不合理であるとは認められない。

したがって，請求人の上記主張は採用できない。

請求人は，本件鑑定に依拠して本件不動産の価額を評価していることから，以下，本件鑑定評価額が適正であるかどうかについて検討を行う。

本件鑑定において採用している取引事例地については，本件鑑定において，取引事例比較法による比準価格の査定に当たり，間口が約2m，奥行きが約28mであり，隣接する既存住宅が境界線ぎりぎりまで建築されている取引事例地を選定している。しかしながら，当該取引事例地は，その形状等からみて戸建住宅の建築は著しく困難である。

したがって，戸建住宅の敷地を標準的使用とする土地の評価上，本件鑑定において採用している取引事例地は不適当であると認めるのが相当である。

本件鑑定において，試算価格の調整後の価格 105,000 円／㎡と規準価格 113,000 円／㎡の開差が妥当な範囲の開差であることから，試算価格の調整後の価格を採用するとして，本件土地の鑑定評価額を 105,000 円／㎡と決定している。

ところで，地価公示法第 8 条は，不動産鑑定士は都市計画区域内の土地について鑑定評価を行う場合において，当該土地の正常な価格を求めるときは，公示価格を規準としなければならない旨規定しており，同法第 11 条は，公示価格を規準とするとは，対象土地の価格を求めるに際して，当該対象土地とこれに類似する利用価値を有すると認められる一または二以上の標準地との位置，地積，環境等の土地の客観的価値に作用する諸要因についての比較を行い，その結果に基づき，当該標準地の公示価格と当該対象土地の価格との間の均衡を保たせることをいう旨規定している。

したがって，上記の地価公示法の各規定に照らせば，公示区域内の土地について，鑑定評価を行う場合に不動産鑑定士は公示価格を規準としなければならない。

ところが，本件鑑定において，試算価格の調整後の価格と規準価格の開差が妥当な範囲の開差であることを理由に，公示価格を実際に反映させていないから，本件土地の鑑定評価額は合理性を欠くというべきである。

本件鑑定は，取引事例比較法による比準価格の査定に当たり，取引事例 1 の標準化補正では，「規模」格差を「＋10」としているが，これは，取引事例 1 は地積が 52 ㎡であり，本件鑑定が標準的画地として想定している面積約 100 ㎡のおよそ半分であることを考慮したものと思われる。ところが，取引事例 3 および 4 は，地積がそれぞれ 78 ㎡，70 ㎡であり，標準的画地 100 ㎡を下回っているにもかかわらず，「規模」格差をプラスとしていない。そうすると，本件鑑定は，取引事例地の価格の標準化補正において一貫した扱いをしておらず，著しく合理性を欠くというべきである。

本件鑑定は，本件土地に係る公示地との地域要因の比較において「居住環境」格差で「＋5」，「駅距離」格差で「＋1」の地域格差を設けている。しかしながら，当該公示地は○○にあり，地域要因の比較において，地域格差があるとは認められない。さらに，公示地の標準化補正では，「規模」格差を設けていないが，当該公示地の地積は○○であり，これを上記に照らせば，「規模」格差を「−10」とすべきである。

以上のことからすれば，本件鑑定は，公示地の価格の標準化補正において，著しく合理性を欠くというべきである。

上記のとおり，評価通達により算定された評価額が客観的交換価値を上回るような「特別の事情」がなく，本件各鑑定には合理性が認められないことからすれば，本件不動産の価額は評価通達に基づいて評価するのが相当である。

そして，当審判所が本件不動産について評価通達等の定めに基づき計算したところ，本件不動産の価額は次のとおりとなる。

本件土地の評価において，原処分は，不整形地補正率の計算における想定整形地の間口距離を 47.04 m，奥行距離を 44.40 m とし，これに対応する不整形地補正率を 0.92 としているが，当審判所において計算したところ，想定整形地の間口距離は 43.08 m，奥行距離は 40.89 m となり，これに対応する不整形地補正率は 0.96 となる。

以上のことから，本件不動産の価額は本件更正処分のそれを上回るから，本件更正処分は適法である。

過少申告加算税の賦課決定処分も含め，原処分の他の部分については，当審判所に提出された証拠資料等によっても，これを不相当とする理由は認められない。

よって，主文のとおり裁決する。

コメント　請求人は，相続により取得した本件土地の価額は不動産鑑定士による鑑定評価に基づいて評価した価額によるべきだと主張するも，原処分庁は評価通達を適用することが特に不合理と認められる「特別の事情」は認められず，評価通達の定めに従って評価するのが合理的だと主張している。

そこで，審判所は，下記の理由により請求人の鑑定評価額には合理性が認められず，請求人の主張は採用できないと判断した。

(イ)　本件鑑定において採用している取引事例地４は戸建住宅の建築は著しく困難な事例であるので，不適当な取引事例地と認めるのが相当である。

(ロ)　比準価格 109,000 円／㎡に対して規準価格 113,000 円／㎡を規準しなければならないにもかかわらず鑑定評価額を 105,000 円／㎡

と決定しているが，本件鑑定において，試算価格の調整後の価格と規準価格の開差が妥当な範囲の開差であることを理由に公示価格を実際に反映させていないから，本件土地の鑑定評価額は合理性を欠く。

(ハ) 本件鑑定において公示地との地域要因の比較を行っているが，審判所は甲鑑定の地域要因の比較ほどに地域格差があるとは認められないと判断した。

【8】市街化調整区域に存する本件土地は，幅員約25ｍの国道に接面する店舗兼居宅に供されており，本件土地と類似する地域の取引事例を採用すべきであるとした事例

（関裁（諸）平14第97号・平成15年4月25日）

本件土地の概要

本件土地（地積945.35㎡）には木造瓦葺平家建て（床面積170.90㎡）の建物が建っている。本件土地が所在する地域は，都市計画法上，市街化調整区域に指定されており，建ぺい率60%，容積率200%が適用され，既存の住宅には上水道は供給されているが，都市ガス・下水道は未整備である。

本件土地は，両側歩道付の幅員約25ｍの舗装県道に西側で接面し，北側は実効幅員約2.2ｍの舗装市道に接面する角地で，西側間口は約32ｍ，北側間口は約30ｍのほぼ正方形状の平坦な土地である。

本件土地の南寄り部分には，木造瓦葺平家建ての床面積170.90㎡の建物（店舗居宅）があり，本件相続開始日には，被相続人の自宅および自営の飲食店の店舗として利用され，北寄り部分は飲食店の来客用の駐車場として利用されていた。

本件土地は，その所在する地域の周辺の住宅地とはその利用状況が異なっており，○○沿いの宅地であることから，住宅以外にも，流通業務に係る事務所や駐車場を擁したいわゆる郊外型の飲食店の敷地として利用することができる土地である。

請求人の主張

原処分は，次の理由により違法であるから，いずれもその全部の取消しを求める。

本件更正処分については，本件土地の適正な時価は本件鑑定評価額2,853万円であるから，原処分は本件土地の価額を過大に認定した違法がある。

本件更正処分のうち，上記以外の部分については争わない。

原処分庁の主張

原処分は次の理由により適法であるから，審査請求をいずれも棄却するとの裁決を求める。

請求人は本件鑑定評価額が本件土地の時価であるとして相続税の申告を行っているが，本件鑑定は，次に述べるとおり取引事例比較法による価格（以下，比準価格という）の決定方法に合理性を認めることができず，その結果，得られた本

件鑑定評価額は相続税法第22条に規定する時価とは認められない。

本件鑑定は，公示価格を規準とした価格（以下，規準価格という）を重視し，鑑定評価の趣旨を考慮すると標準画地との格差に基づく比準方式による試算価格3,331万円を重視せざるを得ないとしていながら，本件鑑定評価額を算出するにつき，その減額の理由も明らかにせずに2,853万円と評定している。

請求人は，上記の減額理由につき，本件鑑定は，収益還元法を採用して求めた価格（以下，収益価格という）を考慮するため，比準方式による試算価格と収益価格の差の約30%を調整したとしているが，一般に，鑑定評価書の作成に当たっては，特に誤解を生じさせる余地のないように留意し，記載事項のすべてが十分に説明できるようなものにしておかなければならないとされているところ，本件鑑定に係る鑑定評価等には，収益価格を加味して減額した旨の説明はされていない。

審判所の判断 本件土地の相続税法第22条に規定する時価について，請求人は，本件鑑定評価額によるべきであると主張するのに対し，原処分庁は，評価通達に定める方式によって評価した価額によるべきであると主張するので，以下，本件土地の時価について審理する。

本件鑑定の合理性の有無については，近隣地域の範囲の判定に当たって，土地利用の形態や土地利用上の利便性等に影響を及ぼす事項を考慮することが不可欠であると解される。

これを本件についてみると，本件鑑定近隣地域のうち，本件国道沿いには，主に広い駐車場を持つ飲食店や工業系・流通業務系の建物が多数見受けられるのに対し，本件国道沿い以外は，いずれも幅員6m以下の舗装道路に接面する農家住宅および一般住宅や農地が混在する地域であって，明らかに土地利用の形態や土地利用上の利便性等が異なることが認められる。そして，不動産の価格の形成に関して直接に影響を与えるような特性は，本件鑑定近隣地域のうち，本件国道沿いとそれ以外の地域では明らかに異なるものであり，これを同一として本件鑑定近隣地域の範囲を決定し，標準画地を本件国道沿い以外の地域に置いた上で行った本件鑑定は合理性を欠くものといわざるを得ない。

なぜならば，本件鑑定は，本件鑑定近隣地域および標準画地を前提に，5件の取引事例を採用しているところ，これらの取引事例は，いずれも幅員5m以下の舗装市道等に接する農家住宅および一般住宅のものであって，本件土地とは土地利用の形態や土地利用上の利便性等が異なるものであり，これら取引事例の取引価格を基に求められた本件鑑定評価額をもって，本件土地の相続税法第22条に規定する時価に相当する価額ということはできない。

当審判所において本件土地の近隣地域の範囲，標準画地，最有効使用等の判定を行い，この近隣地域の中から更地または建付地に係る事例として抽出した2件の取引事例の取引価格等を基に，これらの現地確認を行った上で，当審判所においても相当と認める土地価格比準表等を参考にして地域要因および個別要因等の各格差の補正を行って相続開始日における本件土地の時価を算定したところ，次のとおりである。

本件土地が所在する審判所近隣地域のうち，幅員約25 mの○○に接面する地積約1,000 ㎡程度の正方形状の中間画地（間口130 m，奥行33 m）を標準画地（以下，標準画地乙という）とした。

最有効使用については，本件土地は○○に接面する土地であり，かつ，○○を通行する自動車などを考慮すると，農家住宅および一般住宅とするにはやや不向きの土地といえることから，現況の飲食店とそのための駐車場あるいは流通系の事務所およびその駐車場という使用が最も有効と認められる。

本件審判所事例から求めた標準画地乙の比準価格は，本件審判所事例の取引価格等および地価変動率を基に，土地価格比準表等を参考にして地域要因および個別要因等の各格差の補正を行って本件相続開始日における標準画地乙のそれぞれの1㎡当たりの試算価格を算定すると，審判所事例1から求めた金額は4万8,355円と，審判所事例2から求めた金額は5万2,369円となり，その平均価格をもって，標準画地乙の比準価格を1㎡当たり5万300円と算定した。

標準画地乙の価格は，上記の本件審判所事例から求めた標準画地乙の1㎡当たりの比準価格5万300円は，全く特殊関係のない当事者間において，標準画地乙と極めて状況が類似する土地について，売り急ぎや買い進みなどの特殊事情のない状況で取引された取引価格を基に算定された価格であり，それ自体，本件相続開始日における標準画地乙の客観的な交換価格を示すものということができるが，同時に上記の規準価格も合理性を有すると判断されるので，標準画地乙の1㎡当たりの規準価格3万8,400円と比準価格5万300円の平均価格をもって標準画地乙の価格を1㎡当たり4万4,300円と算定した。

本件土地の価額は，上記のとおり，当審判所の採用した標準画地乙は，幅員約

25 mの○○に接面する地積約1,000㎡程度の正方形状の中間画地（間口30 m，奥行33 m）であるところ，本件土地は，標準画地乙と地域要因は全く同一であり，個別要因のうち，①街路条件，②交通・接近条件，③環境条件，④行政的条件はいずれも同一であるが，⑤画地条件において，本件土地が角地であるという点で標準画地乙に比べやや優っており（+2ポイント），一方，本件土地はセットバックが必要である点で標準画地乙よりやや劣っている（－3ポイント）ことから，これらの個別要因の格差補正を行って本件土地の本件相続開始日における価格を算定すると，1㎡当たり4万3,812円となる。

上記の本件土地の1㎡当たりの価格4万3,812円に，本件土地の地積945.35㎡を乗じて本件相続開始日における本件土地の価額を算定すると，その価額は4,141万7,674円となる。

そうすると，原処分庁が評価通達に従って本件相続開始日における本件土地の固定資産税評価額に，○○国税局長が本件土地の所在する地域において適用すべき倍率として定めた平成○年分の倍率を乗じて算定した価額4,084万7,056円は，当審判所の算定価格4,141万7,674円の範囲内であるから，当該金額4,084万7,056円に基づいて行われた本件更正処分は適法である。

コメント 本件土地は幅員約25 mの国道に面し，本件相続開始日前には，被相続人の自宅および自営の飲食店の店舗として利用されていた。また本件土地は，地域の周辺の住宅地とはその利用状況が異なり，国道沿いの宅地であることから，住宅以外にも流通業務に係る事務所や駐車場を擁したいわゆる郊外型の飲食店の敷地として利用できる土地であると審判所は判断している。

請求人の鑑定は，5件の取引事例を採用しているが，いずれの事例も幅員5 m以下の市道に接する農家住宅および一般住宅のもので，土地利用の形態や土地利用上の利便性等が本件土地とは異なるものであって，これらの事例により求めた本件鑑定評価額は相続税法第22条に規定する時価とはいえない，と審判所は結論付けた。

取引事例の選択については，本件土地と類似する地域の取引事例を採用すべきであることはいうまでもない基本である。広く事例を集めれば，国道などの幹線道路沿いの沿道サービス関連の事例があるはずなので，指摘を受けたことは残念である。

【9】請求人の主張する鑑定評価額は，マンションの建替えに係る個別的要因が検討されていないなどの誤りがあることから，本件不動産の価額は評価通達の定めにより評価することが相当とした事例

（東裁（諸）平25第69号・平成25年12月6日）

本件土地の概要 本件土地は，南側で幅員6mの○○に77.428m接し，東側で幅員5.88mの○○に29.047m接するほぼ長方形の宅地である。

本件土地の都市計画法上の区域区分は市街化区域，用途地域は商業地域であり，容積率および建ぺい率はそれぞれ800%および80%である。

本件建物は，昭和34年5月に建築され，地上1階および2階は事務所部分，地上3階ないし6階は住戸部分（40戸）である。

請求人は，相続により一棟の建物の専有部分（以下，本件建物という）および敷地権の40分の1（以下，本件敷地権部分という。本件敷地権持分と本件建物を併せて本件不動産という）の8分の1を取得した。

請求人は平成19年12月24日（以下，本件贈与日という）に○○から贈与により本件不動産の8分の3の持分を取得した。

請求人の主張 本件では，評価通達の定めによらないことが正当と認められるような「特別の事情」があると認められるから，本件不動産の価額は本件鑑定評価額とすべきである。

原処分庁の主張 本件では，評価通達の定めによらないことが正当と認められるような「特別の事情」があるとは認められないから，本件不動産の価額は評価通達の定めにより評価すべきである。

審判所の判断 本件鑑定評価書における建替えの実現可能性の評価については，本件鑑定評価書は，本件建物の最有効使用は現状のまま使用するのが妥当であるとして，本件建物の建替えの実現性については考慮していないところ，請求人は，本件建物の建替え決議（区分所有法第62条第1項）がされたのは平成20年9月28日であり，本件贈与日においては，本件建物の建替えの実現可能性は，もろもろの不確定要素を抱え，必ずしも見通しが立っていない状況であったとの前提に立った上で，本件鑑定評価額に合理性がある旨主張する。

しかしながら，①平成15年6月には建替え計画委員会が設立され，本件管理組合は，区分所有法第62条第1項に規定する建替え決議の成立を目指した本格的な検討を開始したこと，②本件管理組合は，平成16年11月には本件事業協力者を選定し，平成17年8月には，本件事業協力者との間で「○○建替え事業に伴う事業協力に関する確認書」を取り交わしたこと，③平成18年10月の時点で，本件建物は老朽化により物理的な劣化や安全性等の面で様々な問題を抱えていたにもかかわらず，長期修繕計画に基づく修繕の実施および耐震診断の再評価業務の実施は見送られたこと，④平成19年6月には，区分所有者および議決権の各5分の4以上の賛成をもって，建替え推進決議が可決されたこと，⑤本件贈与日の2日前である同年12月22日には，区分所有者および議決権の各5分の4以上の賛成をもって，建替え基本決議が可決されたこと，⑥本件贈与日の約9か月後の平成20年9月28日には，区分所有者全員の賛成をもって，区分所有法第62条第1項に規定する建替え決議が可決されたことといった建替えに至る経緯等からすると，本件贈与日の時点において，区分所有者の大多数が建替えの必要性を認識した上で，本件管理組合において建替え推進決議や建替え基本決議を決議し，権利変換方式による建替えを検討・計画していたものと認められ，また，本件贈与日の約9か月後には区分所有法第62条第1項に規定する建替え決議がされていることも併せ考えると，本件贈与日の時点において，建替えが実現する可能性は相当程度高かったものと認められる。

したがって，本件鑑定評価書は，建替えの実現可能性を誤って捉えた上で鑑定評価をしているものといわざるを得ない。

本件鑑定評価書の評価方法の合理性の有無については，本件不動産と本件鑑定評価書において比準価格を求める取引事例とでは，区分所有建物の敷地における敷地権の持分に相当する面積は大きく異なる。

しかしながら，本件鑑定評価書は，比準価格の査定において，このような個別的要因を全く考慮しておらず，合理性を欠くものといわざるを得ない。

本件鑑定評価書は，比準価格の査定に当たり，市場性の減価を理由として，本件土地に本件借地権が設定されていることによる減価率を20%と査定している。

しかしながら，通常の区分所有マンションと比較すれば，本件土地に本件借地権が設定されていることにより，敷地権の持分を有する各区分所有者は，自己の区分所有建物とその敷地権の持分のほかに地代収入を得る権利を追加的に有していると理解すべきものであり，また，本件土地に借地権を有するのは本件のみであることからすれば，それによって権利関係が複雑化しているともいえない。そうすると，本件土地に本件借地権が設定されていることは，むしろ価格増加要因として考慮すべきものであるから，これを価格減少要因として比準価格の査定をした本件鑑定評価書は合理性を欠くものといわざるを得ない。

以上からすると，本件鑑定評価書は，建替えの実現可能性を誤って捉えた上で鑑定評価をしたものであり，また，比準価格の査定に合理性を欠くものであるから，合理性を認めることはできず，本件鑑定評価額が本件不動産の客観的交換価値を表しているものと認めることはできない。

上記のとおりであるから，本件不動産の価額の評価について，評価通達の定めによらないことが正当と認められるような「特別の事情」があるとは認められないから，本件不動産の価額は評価通達の定めにより評価すべきである。

本件不動産の価額については，評価通達の定めにより評価するのが相当である。

本件更正処分については，本件不動産のうち贈与された持分（8分の3）の価額に基づき，請求人の贈与税の課税価格および納付すべき税額を計算すると，本件更正処分における課税価格および納付すべき税額を上回るから，本件更正処分は適法である。

コメント　鑑定価格は比準価格，収益価格および積算価格を調整して決定することになっているが，積算価格と比準価格と収益価格が4：1：1になると，何らかの理由が存在する可能性があるので再吟味が必要なところ，スルーしたことは残念である。

取引事例の収集や依頼者からの情報収集の折，建替えの話がなかったのか，またあったが，建替えの話が煮つまっているかの確認はマンションの外部の不動産鑑定士には情報がつかみにくく依頼者頼りにならざるを得ない一面があるが，建替えの兆候はあったので注意を要するかと思う。

不動産鑑定を行う場合に三手法を使う限り価格調整が必要であること，また，各々の試算価格の開差が大きい場合，どう価格を決定したかの理由を明確に記載する必要があること，そうでないと，鑑定書の説得力に欠けることになる。

鑑定書によれば，「実現性に不透明感が残る積算価格は参考にとどめながら，将来における土地価格実現の可能性を考慮して鑑定評価額を○○円と決定した」とある。審判所は，「本件鑑定評価書は，建替えの実現性を誤って捉えた上で評価したもの」であり，合理性は認められないと述べている。

【10】本件土地の存する地域は，借地権割合が70％で，借地権の取引が成熟した地域にあって，なおかつ，将来借地権を併合して完全所有権となる潜在的価値が存するので，借地権価額控除方式によらないことが正当と認められる「特別の事情」はないとした事例

（東裁（諸）平24第122号・平成24年12月10日）

本件土地の概要等 本件A土地ないし本件B土地は，隣接して所在し，本件各土地の存する地域は，戸建住宅，賃貸住宅等の建ち並ぶ地域である。

本件各土地の賃貸借契約の状況等は，本件相続開始日において，本件被相続人（賃貸人）と第三者（賃借人）との間で，建物所有を目的として借地権の存続期間を20年とする土地賃貸借契約が締結され，本件各土地上に存する各建物の敷地として利用されていた。

請求人の主張 本件各土地の価額の評価について，評価通達に定める評価方法によらないことが正当と認められる「特別の事情」があるから，本件各土地の価額は本件各鑑定評価額によるべきである。

底地を借地権価額控除方式により評価するのはあくまで便宜上のものであり，借地権の設定を前提とした土地の賃貸借契約は長期間にわたること，借地権は法律で保護された権利であり，底地価額と借地権価額の合計額が更地価額になるのは，あくまで両者が併合されて初めて実現するものであることからすると，両者が併合されるまでの期間においては，必ずしも底地価額と借地権価額を合計すれば更地価額になるというものではない。

原処分庁の主張 本件各土地の評価について，評価通達に定める評価方法によらないことが正当と認められる「特別の事情」はないから，本件各土地の価額は，原処分庁が評価通達に基づき評価した価額である原処分庁評価額によるべきである。

本件各鑑定評価書では，収益価格を殊更重視し，底地割合に基づく価額は参酌するにとどめて本件各鑑定評価額を決定しており，不動産鑑定評価基準に基づいた合理的なものと認めることはできない。

借地権の取引慣行のある地域では，底地の価格は単なる地代徴収権にとどまらず，むしろ将来借地権を併合して完全所有権となる潜在的価値に着目して価格形成されているのが一般的であることからすると，借地権価額控除方式による評価は，相続税法第22条の趣旨および評価通達の考え方に照らし，合理性を有するところ，本件各土地については，借地権を併合して完全所有権となることを妨げる「特別の事情」は認められない。

審判所の判断 底地の鑑定評価額について，不動産鑑定評価基準は，実際支払賃料に基づく純収益等の現在価値の総和を求めることにより得た収益価格および比準価格を関連づけて決定する旨定めている。

しかしながら，本件各鑑定評価書は，借地人による底地取得以外の適切な底地の取引事例を収集できず，正常価格を試算するための取引事例比較法は適用できなかったとして比準価格を査定していないから，上記不動産鑑定評価基準の定めに準拠していないものである。

また，本件各鑑定評価書は，鑑定評価額の決定において，シナリオA価格およびシナリオB価格を8対2の比率とした合計額をもって本件各鑑定評価額としている。

この点，本件不動産鑑定士は，当審判所に対して，シナリオA価格およびシナリオB価格の比率を8対2とした根拠について，5対5では各価格を同等に扱うことになって借地権の法的保護の強さからみて妥当ではなく，かといって，9対1ではシナリオB価格をほとんど考慮していないことになってしまうため，最終的には不動産鑑定士の判断として8対2を妥当とした旨答述しており，合理的な根拠を示し得ていない。

上記で指摘した点に加え，上記から割引率および最終還元利回りに合理性が認められないシナリオA価格自体に合理性が認められないこと，ならびに上記からシナリオB価格自体に合理性が認められないことも併せ考えると，本件各鑑定評価書における鑑定評価額の決定方法に合理性を認めることはできないといわざるを得ない。

以上のとおり，本件各鑑定評価書は合理性が疑われるから，本件各鑑定評価額が本件相続開始日における時価を適切に示しているものとは認められない。

借地権価額控除方式については，①本件各土地の存する地域は，70%の借地権割合が定められていることからも明らかなとおり，借地権の取引が成熟してい

＜本件Ａ土地のシナリオＡ価格＞

区分＼項目	①予想賃料（年間）（円）	②費用（年間）（円）	③分析期間（年）	④各年のＮＣＦの現在価値の総額（円）	⑤分析期間終了年のNCF（円）	⑥⑤を資本還元した価格（円）	⑦⑥の価格の現在価値（円）	⑧シナリオＡ価格（④＋⑦）（円）
本件Ａ土地	334,380	72,645	15	2,685,039	261,735	2,617,348	718,562	3,400,000

注⑴　④および⑦の査定に割引率 9.0 を使用し，⑥の査定に最終還元利回り 10.0％を使用している。

⑵　④は，分析期間 15 年間または 19 年間の最終年を除く 14 年間または 18 年間の各年の NCF の現在価値の総額である。

⑶　④には，9 年目に一時金等として更地価格の 3％を収受することを想定している。

＜本件Ａ土地のシナリオＢ価格＞

区分＼項目	①借地契約満了までの残存期間（年）	②各年のＮＣＦの現在価値の総額（円）	③借地期間満了時の完全所有権（更地）価格（円）	④③の現在価値（円）	⑤シナリオＢ価格（②＋④）（円）
本件Ａ土地	9.0	1,569,166	46,850,000	21,571,041	23,140,000

注⑴　②および④の査定には割引率 9.0％を使用している。

⑵　①は，本件各土地に係る実際の賃貸借契約に基づくものである。

⑶　②は，①の期間の各年の NCF の現在価値の総額である。

＜本件各土地の鑑定評価額＞

区分＼項目	①シナリオＡ価格（円）	②シナリオＢ価格（円）	③鑑定評価額（円）
本件Ａ土地	3,400,000	23,140,000	7,350,000

＜本件Ａ土地の割合方式による底地価格＞

区分＼項目	①完全所有権（更地）価格（円）	②底地割合（％）	③割合方式による底地価格（①×②）（円）
本件Ａ土地	46,850,000	30	14,060,000

る地域であり，また，②当審判所の調査の結果によっても，㋐上記借地権割合（70％）の決定に合理性を欠くような事情は認められない上，㋑本件各土地につ

いて，将来借地権を併合して完全所有権とする潜在的価値が存すると認めることを困難ならしめるような事情も認められない。

したがって，本件各土地について，評価通達が定めた借地権価額控除方式によらないことが正当と認められる「特別の事情」も認められない。

結論として上記のとおり，本件各土地について，評価通達の定めによらないことが正当と認められる「特別の事情」は認められず，請求人の主張には理由がない。したがって，本件各土地の価額は，評価通達の定めにより評価した価額によることが相当である。

本件各土地の価額については，本件各土地の価額を評価通達の定めに基づき評価するのが相当であり，当審判所において本件各土地の価額を評価した結果，原処分庁の評価額と同額となる。

本件各更正処分および本件各再更正処分については，以上により，請求人の本件相続税の課税価格および納付すべき税額を算出すると，それぞれ課税価格および納付すべき税額と同額となるから，この各金額の範囲内あるいは同額でされた本件各更正処分および本件各再更正処分は，いずれも適法である。

コメント

本件A土地は，本件被相続人（賃借人）と第三者（賃借人）との間で，建物の所有を目的とした借地権の存続期間を20年とする土地賃貸借契約が締結され，本件A土地上に存する建物の敷地として利用されている。

現況を考えると，将来借地権を併合して完全所有権となる可能性がないとはいえないので，審判所がいうように評価通達に定めた借地権価額控除方式によらないことが正当と認められる事情は認められないといえる可能性が高いのではないかと思う。

他の裁決事例をみても，将来借地権を併合して完全所有権になる可能性の見極めが，不動産鑑定による価格が採用されるか否かを決めるキーポイントである。不動産鑑定による価格を採用した事例には，東裁(諸)平9第83号・平成9年12月10日および東裁(諸)平9第86号・平成9年12月11日がある。

【11】借地権が設定されている48区画の本件土地の価額は，「特別の事情」があるとは認められないので，借地権価額控除方式は相続税法第22条の趣旨に照らして合理性があるとした事例

（東裁（諸）令元第103号・令和2年6月9日）

本件土地の概要 本件土地は，本件相続開始日において，いずれも借地権が設定されている48区画の土地である（被相続人の持分各18分の7）。

本件土地48区画全体の地積は5,856.26㎡で，土地の地目は宅地，利用区分はいずれも底地である。

請求人の主張 実体経済では，借地権と底地権は別々に算定されて取引されるため，必ずしも［借地権割合＋底地権割合＝1］とはならない。むしろ，底地権は処分に制限が加えられ，価額が低く抑えられている。そのため，不動産鑑定士は，底地価額の算定において収益還元法を採用している。

そして，一般的な取引においては，還元利回りを6％から8％として底地の取引価額が算定されていることからすれば，還元利回り3.8％は，他のしんしゃくが不要な利回りといえるから，合理性がある。

以上のとおり，評価通達25には一般的合理性がなく，本件各通知処分における通達評価額には，時価を上回る違法がある。

原処分庁の主張 底地の価格は，①地代徴収権に相応する価格，②将来見込まれる名義書換料，更新料，増改築等承諾料等の一時金の経済的利益，および③借地権が消滅し完全所有権に復帰することによるその土地の最有効使用の実現の可能性，市場性および担保価値の回復等による経済的利益を加味して形成されるものである。

しかしながら，収益価格の試算において，上記①に相応する実際支払賃料のみに基づいて総収益を査定しているにとどまり，上記③の将来の完全所有権の復帰による経済的利益を全く考慮しておらず，かつ考慮しない理由について特段説明していないから，合理性を欠く部分があるといわざるを得ない。

以上のとおり，評価通達25には一般的合理性があるから，通達評価額は時価

と推認される一方，通達評価額が鑑定評価額を上回る事実をもって評価通達に定める評価方法によっては適正な時価を適切に算定することのできない「特別の事情」があるとはいえないから，本件各通知処分における通達評価額には時価を上回る違法はない。

審判所の判断　評価通達に定める評価方法によるべきではない「特別の事情」のない限り，各通達評価額は，本件相続開始日における時価であると事実上推認されることになる。そこで，以下，「特別の事情」があるといえるか否かを検討する。

比準価格の試算では，個別格差率の査定において，「角地・方位・セットバック・建物堅固性」の四要因が検討されるにとどまっており，不動産鑑定評価基準に基づく検討に不十分な点がある。

また，収益価格の試算で採用された経済的利益の額は，実際の年間賃料の合計額から，固定資産税および都市計画税の合計額を控除した後の金額を純収益として査定するにとどまっており，経済的利益等について考慮されていない。

さらに，収益価格の試算で採用された還元利回り 3.8% は，「年額地代」と「底地価格（取引価格）」のみで算出された統計値を基に査定されたものであり，いわば底地に関する標準的な利回りを統計的に表示したものであるから，経済的利益等がしんしゃくされておらず，収益価格の試算においても，不動産鑑定評価基準に基づく検討がされていない点がある。この点，一般的な取引では 6％から 8％の還元利回りをもって底地の取引価額が算定されていることからすれば，還元利回り 3.8% は，他のしんしゃくが不要な利回りである旨主張するが，統計的に表示された標準的な還元利回りが 3.8% であることからすれば，そもそも 6％から 8％の利回りが標準であることを前提として低い還元利回りを採用しているということはできず，3.8% の還元利回りを採用していることが他のしんしゃくを不要とする理由とはならない。

加えて，試算価格の調整に際して，収益価格 3 億 9,700 万円と比準価格 7 億 7,890 万円との間で大幅な開差があるにもかかわらず，「市場における競争力は低位にある」，「土地の賃貸借の場合，賃貸借期間は半永久的に継続することが多く，しかも賃料が硬直的になる特性があることから，本来的には賃料の徴収権が底地の価格を形成して」おり，「収益価格を中心に試算価格の調整を行う」こととし，収益価格に極めて近似する 4 億 100 万円と鑑定評価額を決定している。

しかしながら，底地に係るこれらの事情や特性は，比準価格の試算において採用した取引事例においても，その取引の前提となり得るものであり，当該取引事例は「市場における競争力」が「低位にある」ところで成立しているものであるため，比準価格ではなく，「収益価格を中心に試算価格の調整を行う」べき理由とは言い難い。

したがって，試算価格の調整は，「収益価格を中心に試算価格の調整を行う」理由に乏しく，その合理性に疑問があるといわざるを得ない。

以上のとおり，比準価格の試算においては，不動産鑑定評価基準に基づく個別的要因の検討に不十分な点があり，収益価格の試算においては，不動産鑑定評価基準に基づく検討がされていない点が見受けられ，試算価格の調整についても合理性に疑問があるため，その鑑定評価額は本件相続開始日の適正な時価を適切に表す合理的なものとはいえない。

以上によれば，各区画の本件相続開始日の適正な時価を表すものとはいえないから，各通達評価額が本件相続開始日における「時価」であるとの事実上の推認を覆す「特別の事情」があるとはいえず，他にも「特別の事情」があると認めるべき事情はない。

したがって，本件通知処分において前提とされた各区画の各通達評価額について，相続税法第22条に規定する時価を上回る違法があると認めることはできない。

本件通知処分の適法性は，以上のとおり，評価通達に基づいて評価された本件通知処分における通達評価額は，相続税法第22条に規定する時価を上回る違法があるとは認められず，当審判所において計算した本件相続税に係る納付すべき税額は，「修正申告」欄の額と同額となる。そして，本件各通知処分のその他の部分について，当審判所に提出された証拠資料等によってもこれを不相当とする理由は認められない。

したがって，本件通知処分はいずれも適法である。

結論としては，以上のとおり，審査請求は不適法なものであるからこれを却下することとし，各審査請求はいずれも理由がないからこれを棄却することとし，主文のとおり裁決する。

コメント 本件土地の底地価額は，相続人らは評価通達 25《貸宅地の評価》に定める借地権価額控除方式により評価することは一般的合理性がないため，鑑定評価額によるべきだと主張した。

しかしながら，評価通達 25 の趣旨は，底地価額は単なる地代徴収権の価額のみならず，将来借地権を併合して完全所有権となることに着目して底地の価額が形成されるのが一般的であると解され，合理性があると認められていると審判所は判断した。

また，請求人の鑑定評価額は，比準価額（7 億 7,890 万円）と収益価額（3 億 9,700 万円）の試算価格において，個別格差率の査定において、「角地・方位・セットバック・建物堅固性」の四要因が検討されるにとどまっており，不動産鑑定評価基準に基づく検討が不十分であると審判所から指摘があった。

収益価格においては，年間賃料の合計額から固定資産税等を控除した後の金額を純利益として査定するにとどまって，「将来の賃貸期間において発生する経済的利益の現在価値」等の経済的利益などについて考慮されていない等の指摘があって，相続人ら鑑定評価額は相続開始日の適正な時価を適切に表す合理的なものとはいえないと審判所は断定し，通達評価額が相続開始日の時価であるとの推認を覆す「特別の事情」があるとは認められないとした。

【12】本件鑑定評価は，開発法による価格を算定するにあたり必要以上の盛土工事や擁壁工事を見積もっているので，その算定方法には合理性がなく本件土地の鑑定評価額は相当ではないとした事例

(関裁(諸)平25第5号・平成25年8月27日)

本件土地の概要 本件土地（地積954.00㎡）は，県道から奥行0.3～5mに位置し，建築基準法上の道路に面していない無道路地で，穏やかな傾斜地であり，農地として貸し付られている。公法上の規制は第一種住居地域で，建ぺい率60%，容積率200%である。

請求人の主張 本件鑑定評価額は相続税法第22条に規定する時価であり，評価通達に定められた方法により評価した額は過大であるから，評価通達の定めにより難い「特別の事情」がある。その結果，本件土地の価額は本件鑑定評価額となる。

本件土地は無道路地であり，第三者の所有である隣接地を通路用地として買収できなければ，宅地としての使用収益や処分可能性もない。また，たとえ隣接地を通路用地として買収できたとしても，最有効使用は宅地分譲用地であることから，宅地分譲する際にかかる費用としては，整地費・土盛費だけでは足りず，確定測量費，分筆費，道路開発費および各種インフラ整備などの工事費が必要となる。

原処分庁の主張 相続財産の評価に当たっては，特に納税者間の公平の確保等の観点から，評価通達の定めにより難い「特別の事情」がない限り，評価通達により評価した価額によるべきであるところ，本件土地の価額の評価については，評価通達の定めにより難い「特別の事情」はない。その結果，本件土地の価額は，本件通達評価額となる。なお，本件土地については，評価通達に基づいて無道路地としての個別事情は考慮している。

審判所の判断 本件鑑定評価が，客観的交換価値を算定する合理的な方法に基づいているか否かについて検討した上で，本件土地の価額の評価について，評価通達の定めにより難い「特別の事情」があるか否かについて判断する。

本件土地鑑定評価においては，本件土地が無道路地であるための街路条件の補

正率を40%としている。

土地価格比準表では，無道路地の鑑定評価に当たっては，現実の利用に最も適した道路等に至る距離等の状況を考慮し，取付道路の取得の可否およびその費用を勘案して適正に定めた率をもって補正するとされている。

そうすると，本件県道からの奥行距離が0.3mから5mで，本件土地の前面土地が更地である本件土地と，本件県道からの距離が20mを超え，本件2土地の前面土地が宅地として利用されている本件2土地では，個別的要因が異なることから，本件土地鑑定評価および本件2土地鑑定評価の無道路地の評価減の割合も異なることが通常であると認められる。

この点について，本件不動産鑑定士は，本件土地の無道路地としての街路条件が同じであるのは，隣地所有者との交渉・調整，道路整備に要する期間，開発不調リスクを総合的に判断し，無道路地の規模や用地買収の面積が異なってもこの判断による補正率は同様であるためとしているが，これは，土地価格比準表に沿っておらず，本件土地鑑定評価の無道路地の評価減の割合は，これを同様とすることはできない。

したがって，無道路地の価格の補正率が同等であるとする本件土地鑑定評価の比準価格の比準価格は相当とは認められない。

開発法による価格の道路協力用地の取得費用については，本件土地鑑定評価は，標準的画地価格の1㎡の価格に50%上乗せした単価で算定した価額により取得すると査定している。

この点について，本件不動産鑑定士は，道路協力用地は標準的な敷地の一部として使用されていることが通常であり，道路用地部分を割譲することによって不合理な分割となるため，土地の売買は補償費用等を含み，標準的な価格よりも上乗せした価格で売買されるのが通常であるためとしている。

しかしながら，本件土地の前面土地は，間口距離29m，奥行距離0.3mから5m，地積106㎡の三角形状の不整形地で，利用状況が更地であることからすると，更地となっている本件土地の前面土地の取得費用と，既に第三者の住宅の敷地として利用されている本件2土地の前面土地の取得費用とを同一の割合を上乗せした価額とすることには合理性がない。

造成費の査定については，本件土地鑑定評価の造成費の査定においては，本件土地鑑定評価では約66万円もの多額の除根等費用が計上されている。しかしながら，本件土地には樹木や樹木の根は存在していないことから，この造成費の査定には合理性がない。

さらに，本件土地鑑定評価の造成費の査定においては，盛土工事および擁壁工事の費用を見積もっている。本件土地の道路面との高さの状況は上記のとおりであるところ，本件不動産鑑定士は，排水面の関係から，道路面より宅地の地盤を高くするための盛土工事，擁壁工事を見積もっている。

ところで，建築基準法第19条《敷地の衛生および安全》は，建築物の敷地は，これに接する道の境より高くなければならず，建築物の地盤面は，これに接する周囲の土地より高くなければならないが，敷地内の排水に支障がない場合にはこの限りでない旨規定している。

さらに，上記のとおり，審査基準等においても，開発する場合に開発地域の地盤を道路面より高くしなければならない旨の定めはない。

そうすると，本件土地の鑑定評価については，必要以上の盛土工事や擁壁工事を見積もっている点からも，その算定方法には合理性はない。

以上のことから，本件土地鑑定評価は相当ではない。

以上のとおり，本件鑑定評価は合理性が認められない点が複数あるから，客観的交換価値を算定する合理的な方法に基づいておらず，したがって，本件鑑定評価額は時価ということはできないから，本件通達評価額が本件鑑定評価額を上回ることをもって，評価通達の定めにより難い「特別の事情」があるとは認められない。

よって，本件土地の価額は評価通達の定めにより評価した価額によるのが相当である。

コメント 開発法を適用するにあたり，本件のように954.00㎡という広大な土地の場合，第三者による開発図面や造成工事見積書に基づき費用を考慮して鑑定評価書を作成するべきかと考える。その理由は，造成工事費用等の客観性を求めることにある。そうすれば，造成費の査定について記載のような指摘を受けず，適正な土地の時価を表示しうるのではないだろうか。

【13】請求人鑑定評価書は，比準価格における個別的要因の根拠が明らかでなく，開発法による区画割をどうするかの根拠が明らかではないので，比準価格および開発法による価格に合理性があるとは認められないとした事例

（東裁(諸)平15第343号・平成16年6月25日）

本件土地の概要　本件土地（地積436㎡）は，本件相続開始日において畑である。本件土地の用途地域は第1種低層住居専用地域で，建ぺい率40%，容積率80%である。本件土地は，東側で幅員2.73mの市道に17.74m接し，北側で幅員4mの位置指定道路に24.57m接しており，ほぼ整形地で平坦な土地であるが，宅地として使用する場合には整地を要する。

請求人の主張　不動産鑑定士による本件土地の鑑定評価額は7,390万円であり，相続税評価額の7,963万799円を下回るので，本件土地の価額は鑑定評価額によるべきである。

原処分庁の主張　原処分は，次の理由により適法であるから，本件審査請求をいずれも棄却するとの裁決を求める。

相続税評価額が相続開始時の時価（客観的な交換価値）を明らかに上回っているような「特別の事情」がない限り，評価通達を適用して相続財産を画一的に評価する方法には合理性があると解されているところ，本件土地に係る相続税評価額は，次のとおり，本件土地に類似する地域に存し，地積等の条件格差が最小限となるよう選定した取引事例の取引価格から試算した価額（以下，原処分庁試算額という）を下回っており，時価を上回っているとする事情は認められないので，請求人の主張する本件土地に係る鑑定評価額によるべき理由はない。

本件土地に係る相続税評価額は7,963万799円であるところ，本件土地に係る原処分庁試算額は，1㎡当たりの試算額21万4,300円に当該土地の地積436㎡を乗じた9,343万4,800円である。

請求人の本件相続税の納付すべき税額は,「異議決定」欄の額と同額となるから，本件更正処分は適法である。

審判所の判断　請求人は，本件土地に係る鑑定評価額が本件相続開始日における時価として妥当である旨主張するので，以下検討する。

本件土地に係る鑑定評価額は，取引事例比較法による比準価格と開発法による価格との中庸値であるが，そのいずれの価格も標準的画地は100～120㎡程度の中間画地であり，最有効使用は本件土地を4画地に分割した低層の戸建住宅の敷地とすることであるとの判断に基づき算定しているものである。

なお，本件土地の地積は436㎡であるところ，本件指導要綱に定める1区画の敷地面積（130㎡以上）の基準を確保する必要はなく，本件土地に係る鑑定評価書で採用しているとおり，任意に4画地に分割することも可能ではあるが，当該鑑定評価書の取引事例比較法による比準価格における個別的要因の間口と奥行の関係（△7％）および地積過大（△15％）はその根拠が明らかでなく，また，当該鑑定評価書の開発法による価格における区画①は，北側で位置指定道路に接する土地であるとして，その個性率を北道路（△3％）としているが，区画②も当該道路から進入する土地であり，区画①のみその個性率を認める根拠が明らかでなく，さらに区画②の個性率の不整形（△25％）は，その根拠が明らかでないことから，当該鑑定評価書の取引事例比較法による比準価格および開発法による価格は合理性のある価格とは認められない。

以上のことから，本件土地に係る鑑定評価額に合理性があるとは認められず，本件土地に係る鑑定評価額は，本件相続開始日における適正な時価を表しているとは認められない。

相続税評価額は，相続開始時における時価を上回っているような「特別の事情」がない限り，評価通達に基づき評価する方法には合理性があると解されるので，時価を上回る「特別の事情」があるか否かを以下検討する。

当審判所が，本件土地の近隣および類似する地域に所在し，地積等の条件格差が最小限となるような取引事例を調査したところ，取引事例1から同5までの取引が認められ，これらの価格は，譲渡人と譲受人に利害関係がある等の事情が認められず，不特定多数の当事者間で自由な取引が行われる場合に通常成立する価額（客観的な交換価値）であると認められる。

そして，当該各取引事例の取引価格を基に土地価格比準表により時点修正，標準化補正，地域格差および個別格差の補正を行い，本件相続開始日における本件土地の時価額を算定したところ，1㎡当たりの本件土地の価額（客観的な交換価値）は23万9,834円となる。

そうすると，本件相続開始日における本件土地に面する路線価19万円は，

1㎡当たりの本件土地の時価額（23万9,834円）を上回っていないから，上記で述べたとおりの「特別の事情」があるとは認められないので，本件土地の価額は評価通達の定めによって評価するのが相当である。

本件土地の価額は，上記のとおり評価通達の定めによって評価すべきであるので，当審判所が本件土地に係る相続税評価額を計算すると，次のとおりとなる。

相続税評価額について本件土地は，本件土地隅切以外部分と位置指定道路の一部である本件土地隅切部分に評価単位が分けられ，本件土地隅切以外部分の相続税評価額は7,930万2,916円となり，本件土地隅切部分の相続税評価額は，①当該隅切部分が昭和○年に指定されている位置指定道路の部分であること，②当該隅切部分に係る分筆後の年度の固定資産税は現況地目が公衆用道路であるとして課税されていないこと，ならびに③位置指定道路のうち本件土地隅切部分以外の道路の所有者は被相続人および共同相続人以外の第三者であることから，本件土地隅切部分は財産的価値を見出すことはできず，ゼロ円とするのが相当と認められる。

したがって，本件土地の価額は7,930万2,916円となる。

以上の結果，請求人の納付すべき税額は本件更正処分の額を下回るから，本件更正処分の一部を取り消すべきである。

コメント　本件土地の地積は436㎡であるため開発指導要綱の規制を受けることがないので，1区画の敷地面積（130㎡以上）の基準を守る必要はなく，任意に4区画に分割することが可能であると審判所は指摘する。そうなると，開発法により求めた価格はかならずしも算出された価格が説得力のある価格だとはいえない可能性がある。3区画でも5区画でも分割は可能かもしれないとなると，開発法による価格は数多くでてくる。これだと価格を決めかねることになり，取引事例比較法による比準価格および開発法による価格は合理性のある価格とは認められないと審判所は指摘する。説得力のある合理性のある価格を求めているのに，そうならない。残念である。

また，審判所は，「間口と奥行の関係（△7），および地積過大（△15）は，その根拠が明らかでない」，また「開発法において個性率の根拠が明らかでないので鑑定評価書の比準価格および開発法による価格は合理性があるとはいえない」と判断している。信頼を高める努力をしたいものである。

【14】土地区画整理事業における仮換地指定の時期の見通しが不透明な土地に開発法を適用して価格を求め，比準価格と比較考量するのは相当ではないとした事例

(東(話)平19第189号・平成20年5月29日)

本件土地の概要

本件土地（地積1,047.59㎡）はJR○○線□□駅の北方約750m（道路距離）に位置し，現況地目が山林である。本件土地は市街化区域内に所在し，その形状は不整形で，西側で幅員約8mの道路（以下，本件西側道路という）から約7.5m奥に入った無道路地であり，高低差が最大で約7m，平均斜度が約8度の傾斜地である。また，本件土地は土地区画整理事業の施行地区内に所在するが，仮換地の指定は受けている。本件土地は，仮換地予定地と重複する部分が全くない。

関係の職員は，当審判所に対し，要旨次のとおり答述した。

・土地区画整理事業の施行地区内で土地区画整理法第76条第1項に規定する建築物の建築等が許可されるのは，従前の土地と仮換地予定地が重複しており，その重複部分に建築物の建築等を行う場合などである。

・本件土地はその全部が仮換地予定地と重複していないため，この重複していない部分での建築物の建築等は土地区画整理事業に支障を来すと認められることから，土地区画整理法第76条第1項に規定する許可を得ることは相当難しいと思われる。

・本件土地の街区周辺の街路は平成○年度までに整備される予定はないので，本件土地の仮換地の指定は早くても平成○年度以降となる見込みである。

請求人の主張

原処分は，次の理由により違法であるから，その全部の取消しを求める。

原処分庁が取引事例に基づき算定した本件土地の時価は，本件土地が傾斜地，無道路地および不整形地であること，ならびに土地区画整理事業の施行地区内にあること等の特殊事情を考慮しておらず，時価として適切ではないから，本件土地の評価通達に基づく評価額（以下，相続税評価額という）と原処分庁が算定した時価との比較をもって，本件土地の相続税評価額が時価を上回っていないとしていることは合理性に欠ける。

本件土地の時価は本件鑑定評価額であり，本件土地の相続税評価額は本件鑑定評価額すなわち時価を上回るものであるから，本件相続に係る相続税の計算上，課税価格に算入すべき本件土地の価額は本件鑑定評価額とすべきである。

原処分庁の主張 原処分は，次の理由により適法であるから審査請求を棄却するとの裁決を求める。

納税者間の課税の適正，公平の確保という見地からすると，評価通達に定める評価方法を適用して，相続により取得した財産を画一的に評価することには合理性がある。相続により取得した財産の価額は，相続税評価額が課税時点における当該財産の時価を上回っているときのように，評価通達に定める評価方法によらないことが正当として是認されるような「特別の事情」がある場合を除き，評価通達に基づき評価するのが相当である。

本件土地の相続税評価額7,457万8,628円は本件土地の時価1億356万9,985円を下回っていることから，本件相続に係る相続税の課税価格に算入すべき価額は相続税評価額によるのが相当である。

審判所の判断 本件土地は現況地目が山林であるところ，評価通達45《評価の方式》によれば，山林の評価は，純山林および中間山林と市街地山林とに区分して評価することとされている。このうち，市街地山林とは，宅地のうちに介在する山林，市街化区域内にある山林などをいうものとされており，本件土地は，市街化区域内に所在することから，市街地山林に該当する。そして，市街地山林の評価方法は，原則として評価通達49の定めにより宅地比準方式により評価することとされている。

また，その市街地山林が宅地であるとした場合において，評価通達24-4に定める広大地に該当するときは，同通達49の定めにかかわらず，同通達24-4の定めに準じて評価する旨定められ，ただし，その価額が宅地比準方式により算定した価額を上回る場合には，宅地比準方式により評価するものとされている（同通達49-2）。

市街地山林は，市街地に近接する宅地化傾向の強い山林であるため，付近の宅地の価格の影響により，山林としての価額よりむしろ宅地の価額に類似する価額で取引されているのが実情であること，また，当該市街地山林が広大地に該当する場合には，その土地の開発に当たり，宅地の場合と同様に，道路，公園等の公共施設等の用地の負担を要することからすると，これらの取扱いは当審判所においても相当と認められる。

原処分庁は，評価通達 49-2 の定めにより，特定路線価に本件土地の地積に基づき算定した広大地補正率を乗じて算定した価額と宅地比準方式により算定した価額とを比較して，本件土地の相続税評価額を 7,457 万 8,628 円としている。

本件土地は，本件土地区画整理事業の施行地区内に所在するが，仮換地の指定を受けるまでは，従前の土地を使用または収益することからすると，従前の土地をもって評価するのが相当である。

そして，本件土地は，評価通達 24-4 に定める広大地に該当する市街地山林であり，本件相続開始日おいて仮換地の指定を受けていないことから，原処分庁が従前の土地に同通達 24-4 を適用して本件土地の相続税評価額を算定したことは相当と認められる。

本件土地が広大地に該当する市街地山林であることは上記のとおりであるから，原処分庁の相続税評価額の算定内容は，上記の本件各土地に係る土地区画整理法に基づく利用上の制限を考慮していない点を除けば，相当と認められる。したがって，本件各土地の相続税評価額の算定は，原処分庁の算定方法を基礎としつつ，当該利用上の制限に起因する減価を考慮して行うこととなる。

ところで，課税実務上，付近にある他の宅地の利用状況からみて，著しく利用価値が低下していると認められる部分がある宅地の価額は，路線価がその状況を考慮して付されている場合を除き，その利用価値が低下していると認められる部分の面積に対応する価額から 10% を減額して評価することができる旨取り扱われており，この取扱いは，利用価値が著しく低下している宅地とそうでない宅地を比較すると，利用価値が著しく低下している宅地には減価が生じることを考慮する趣旨によるものであり，当審判所においても相当と認められる。

仮換地の指定を受けた宅地等は，評価通達 24-2 ただし書により，その仮換地の造成工事が完了するまでの期間が 1 年を超えると見込まれる場合は，造成工事により実際の利用が制限されることから，その利用上の制限を考慮して当該制限がないものとした場合の価額から 5 % を減額して評価される。これに対し，本件土地には同ただし書の適用がないが，最短でも平成◯年度までは仮換地の指定を受ける見込みがなく，同年度以後においても，仮換地の指定を受ける具体的な時期は明らかでないことからすると，その利用上の制限を受ける期間は，同ただし書が定める期間より長期間になるものと認められる。したがって，本件各土地に係る上記の利用上の制限は，同ただし書が定める利用上の制限より強く，その減価も大きいものと認められる。

そうすると，本件土地は，上記の課税実務上の取扱いが適用される利用の制限により利用価値が著しく低下している土地に相当するものと認められ，当該取扱いに準じて10%の減額をすることが，評価通達24-2ただし書の適用を受ける土地との均衡からみても相当であると認められる。

以上により本件土地の相続税評価額を算定すると，本件土地は6,712万765円となる。

請求人は，本件土地の時価は本件鑑定評価額であり，本件土地の相続税評価額はいずれも時価を上回る旨主張する。

ところで，本件鑑定書においては，本件土地の宅地見込地としての比準価格および戸建分譲を想定した開発法による価格をそれぞれ求め，それらの価格の中庸値により鑑定評価額を決定している。

このように，開発法においては，将来販売されるべき販売総額および予想される土地造成費等を適切に算定し，価格時点に割り戻す必要があるが，本件土地は，最短でも平成○年度までは仮換地として指定される見込みはなく，その後の土地区画整理事業の進捗の見通しも不透明であることからすれば，現実に開発し，販売できる時期を想定することは困難である。そうすると，このように「特別の事情」を有する本件土地の時価の算定においては，開発法による価格を比較考量する方法は相当ではないといわざるを得ない。

次に，取引事例比較法は，選択された取引事例は，取引事例比較法を適用して比準価格を求める場合の基礎資料となるものであり，収集された取引事例の信頼度は比準価格の精度を左右するものである。

したがって，不動産鑑定評価の実務においても，比準価格の算定に当たって採用する取引事例について，評価対象地との地域格差の著しい事例は，事例としての規範性に欠ける場合が多いので選択しないことが望ましいと解されている。

各取引事例地が所在する地域は，いずれも市街化区域および市街化調整区域が併存しており，かつ，市街化区域内の宅地であってもすべて倍率地域が含まれている。そして，評価通達11によれば，宅地評価の方式は，市街地的形態を形成する地域においては路線価方式により，それ以外の地域については倍率方式によることとされていることからすると，本件土地と各取引事例が所在する地域とでは，地域要因が著しく異なっていると認められる。このため，本件鑑定書においては，地域格差として，各取引事例の地域は，本件土地に対して42%から80%劣っているとして大幅な補正を行っており，このうち環境条件に係る減価についても，社会的環境として30%から50%，周辺の利用状況として5%から20%としている。

したがって，本件鑑定書の比準価格の算定に当たり採用された取引事例は，本件土地と地域格差が著しく，規範性に欠ける事例であると認められる。加えて，本件鑑定書においては，地域格差を考慮しているものの，その補正内容は専ら不動産鑑定士の経験的判断に依拠したものと認められ，実証性，客観性に欠けており，地域格差に基づく減価の内容および算定根拠も上記取引事例を用いる場合に比べ具体性に乏しいと認められる。

以上によれば，本件土地の鑑定書の時価の算定方法は合理性を欠いており，本件土地の鑑定評価額は，本件土地の本件相続開始日における適正な時価を示しているとは認められない。

したがって，本件土地に係る相続税評価額が本件各鑑定評価額を上回ることをもって，本件土地について，相続税評価額が相続開始日における時価を上っているような「特別の事情」があると判断することはできない。

上記のとおり，本件鑑定評価額は，本件相続開始日における本件各土地の適正な時価を示しているとは認められないことから，当審判所において本件土地の時価を算定すると，以下のとおりである。

当審判所において，本件土地の近隣で，本件土地の存する地域と状況が類似する地域に存し，地積，形状等の画地条件の格差が最小限となるような宅地見込地の取引事例を調査したところ，3つの取引事例が認められた。

これらの取引事例の価格時点，地積，交通接近条件，街路条件，環境条件，形状等の個別的要因および行政的条件等は別表(略)のとおりであり，本件土地と地域要因等が近似している。また，これらの取引事例には，譲渡人と譲受人との間に縁故関係がある等の特殊事情は認められない。

そこで，各取引事例の1㎡当たりの取引価格を基に，当審判所においても相当と認める土地価格比準表に準じて，それぞれ時点修正，標準化補正，地域格差および法令による建築規制等の個別格差の補正を行って，本件相続開始日における本件土地の時価を算定すると，7,276万8,744円となる。

当審判所が算定した本件土地の相続税評価額は6,712万765円であるところ，本件土地の時価は7億7,276万8,744円であることから，本件土地の相続税評価額が本件相続開始日における本件土地の時価を上回るような「特別の事情」があるとは認められない。

なお，請求人は，本件鑑定評価額の合理性を裏付ける証拠として，本件土地の査定額に関する書面を提出しているが，これらの査定額は価格時点が明確でなく，価格査定の過程等も具体性に乏しいこと，主として土地区画整理完了までの不動産投資のための価格を算定していること，およびいずれも本件土地の面積を公簿面積である545.45㎡として査定しており，評価対象地の前提が異なっていることからすれば，請求人が仮に何らかの事情で売り急いだ場合の参考価格とはいえるとしても，本件相続開始日における本件土地の客観的な交換価値を示すものとは認められないので採用することはできない。

以上によれば，原処分庁算定による本件土地の時価について判断するまでもなく，本件各土地の価額を評価通達に基づき評価する方法には合理性があると認められるので，本件相続税の課税価格に算入すべき本件各土地の価額は，当審判所が算定した相続税評価額のとおり，6,712万765円とするのが相当である。

コメント

請求人は，原処分庁の算定した時価は，本件土地が傾斜地，無道路地および不整形地で，なおかつ土地区画整理事業の施行地区内にあること等の特殊事情を考慮しておらず，時価としては適切ではないので，本件土地の時価は請求人鑑定評価額を採用べきだと主張した。

請求人鑑定評価書において，本件土地は宅地見込地としての比準価格および開発法による価格を試算し，両者を関連付けて本件土地の鑑定評価額を決定している。しかし，審判所は，本件土地は最短でも平成○年度までは仮換地として指定される見込みはなく，その後の土地区画整理事業の進捗の見通しも不透明であるので，開発法を適用して開発し販売できる時期を想定することは困難であることを勘案すれば，開発法による価格を比較考量することは相当ではないと判断した。

また，比準価格を求めるにあたり採用した取引事例は，本件土地と地域格差が著しく，規範性に欠ける事例であるとともに，地域格差に基づく減価の内容および算定根拠も具体性に乏しいと認められると審判所は判断した。したがって，請求人鑑定評価額は相続開始日における適正な時価を示しているとは認められないので，審判所が算定した相続税評価額を本件土地の価額とするのが相当であるとした。

【15】請求人鑑定評価額は，底地価格の算定にあたり大幅な市場性の減退に伴う減価を行っているが，その根拠は乏しく相当とは認められないとした事例

（沖裁（諸）平 20 第 12 号・平成 21 年 6 月 26 日）

本件土地の概要 本件土地（面積 968.81 ㎡）は市街化区域内に存し，固定資産名寄帳の写しによれば，本件土地の面積は，宅地部分 906.31 ㎡，公衆用道路部分 62.50 ㎡である。

本件土地は，宅地開発業者が複数の土地所有者から土地を一括して賃借し，各土地の筆界にかかわらず道路を築造し区画割りを行うという宅地造成を行った後に，転借権付戸建住宅として分譲するといった開発手法が行われた地域に存している。

そのような開発手法の結果，本件土地は，宅地開発業者である借地権者および戸建住宅所有者である転借権者が存在する複雑な権利関係を有することとなり，すべての関係者の同意を得てそれらの権利関係を整理しなければ，更地としての売買ができないといった「特別の事情」が存しており，評価通達等により難い「特別の事情」が存することになった。

請求人の主張 本件土地の時価は請求人鑑定評価額であり，原処分庁評価額は，相続税法第 22 条に規定する時価を超え，これを適正に反映しておらず，違法であるから，原処分の全部の取消しを求める。

原処分庁の主張 本件土地の原処分庁評価額は適正であるから，原処分庁が行った本件更正処分等は適法であり，本件審査請求をいずれも棄却するとの裁決を求める。本件土地に係る原処分庁評価額は適正であり，これを恣意的であるとする請求人の主張は，独自の見解に基づいて主張しているにすぎないものである。

審判所の判断 請求人は，都市計画区域に存する本件土地の鑑定評価に当たり，規準価格を算定しているにもかかわらず，これを採用せず，比準価格のみを採用して更地価格を算定しており，公示価格と評価対象地の価格との間に均衡を保たせていることにならないから，不動産鑑定評価基準に照らして合理的なものとは認められない。

請求人鑑定評価は，地積過大による減価を行っているが，この減価割合 20％および 30％の根拠は具体性に乏しく相当とは認められない。請求人鑑定評価は，底地価格を算出した後，さらに当該底地価格はマキシマムな価格であり，全額借入れにより評価対象地を購入することを前提に土地の価格を考えた場合には，借入金返済および利潤ないしは利得が得られないため市場性の減退が生じるとして，貸出金利（金融利子率）と投資利回り（実物利子率）を調整するために 94％または 61％の減価を行っている。

しかしながら，請求人鑑定評価は，全額借入れによる投資のみを前提とし市場性の減退があるとして 94％または 61％の減価を行い評価対象地の時価を決定しているが，それは一部の特定した購入形態において成立する限定的な交換価値であって，不特定多数の当事者間で自由な取引が行われる場合に成立する客観的な交換価値とは認められない。

請求人鑑定評価は，〇〇土地について，公衆用道路として利用されている私道であることを理由として，所有権表象としての価値を有するので，標準画地価格の 5％を更地価格として評価しているが，この価値割合の根拠は具体性に乏しく相当とは認められない。

以上のとおり，請求人鑑定評価が相続税法第 22 条に規定する時価であるとの請求人の主張には理由がない。

原処分庁鑑定評価額は，年間地代を補正して得た年間純収益を還元利回り 3.5％で還元した地代徴収権の価値と更地価格を割引率 6.5％で割り引いて算定した更地への復帰価値を合計して求めた底地の収益価格 2,694 万 5,000 円と，底地の第三者間取引が収集できないとして，比準価格に代えて競売評価基準を適用した底地価格，すなわち，更地価格から建付減価 10％と借地権割合 30％とした借地権価格を控除した底地価格（以下，競売基準適用価格という）4,919 万 6,000 円を求め，さらに底地の収益価格を重視して，収益価格と競売基準適用価格を加重平均した 3,580 万円として決定している。

したがって，原処分庁鑑定評価額が比準価格に代えて競売基準適用価格を用いていることは相当であると認められるところ，このような算定方法は，裁判所における競売などの底地の評価に際し通常使用されているものであり，また，本件土地のような「特別の事情」のある地域における底地の鑑定評価に当たっても一般的に使用されていると認められることから，当該算定方法自体にこれを不合理とする理由はなく，底地の収益価格に競売基準適用価格を関連付けて底地価格を算出している原処分庁鑑定評価は合理性があると認められる。

本件土地については，評価通達により難い「特別の事情」が存すると認められることから，評価通達以外の合理的な評価方法により時価を求めるべきであり，評価通達等に基づかず不動産鑑定士による鑑定評価額により評価することは相当であるところ，原処分庁鑑定評価は，本件公衆用道路の面積について相当と認められない点があるものの，それ以外は特に不合理とする内容は認められず，一方，請求人鑑定評価は上記のとおり合理性を欠く点が相当程度認められることから，両鑑定評価を比較する限りにおいては，原処分庁鑑定評価が信用性に優るということができ，したがって本件土地は原処分庁鑑定評価を基に評価するのが相当である。

以上のことから，本件土地の評価額は審判所認定額のとおりとなる。

コメント　本件土地の評価にあたり，請求人鑑定評価はA土地ないしE土地の各土地に区分して評価しているが，原処分庁は，借地人は○○のみであって転借人らとは何ら権利関係は生じていないので，○○に貸し付けられている本件土地全体を一利用単位として評価している。これに対して審判所は，その全体が一つの貸付先に貸し付けられ一画地として利用されているのだから，一体として評価することが相当であるという理由で，請求人鑑定評価を否認した。

評価通達7-2では，宅地は一画地の宅地を評価単位とし，一画地の宅地とは利用の単位となっている一画地の宅地をいう，と定められている。

評価単位については，相続開始日の現況をよく確認することが大切である。

審判所によれば，請求人鑑定評価は，本件土地の鑑定評価額の算定にあたり規準価格を算定しているが，それを採用しないで比準価格のみを採用して更地価格を決めているのは，不動産鑑定評価基準に照らして合理的なものとは認められない，と判断した。また，請求人鑑定評価は，底地価格の算定にあたり市場性の減退に伴う減価があるとして94%または61%の減価を行い本件土地の時価を決定しているが，請求人の主張は独自の見解に基づくものであって，相当とは認められないと判断し，請求人の主張を否認した。

よって，請求人鑑定評価は合理性を欠き，原処分庁鑑定評価の方が信用性に優れるので，原処分庁鑑定評価額を採用すると審判所は判断した。

【16】被相続人が居住の用に供していた本件土地は「特別の事情」があるとは認められないので，評価通達の定めによって評価するのが相当とした事例

（東裁(諸)平 25 第 68 号・平成 25 年 12 月 5 日）

本件土地の概要 本件土地（面積 365.68 ㎡）上に木造 2 階建ての建物が存し，本件被相続人が居宅の用に供していた。本件土地は間口約 13.6 m，奥行約 27.1 m の長方形の土地で，幅員 6 m の道路に接面する。第一種低層住居専用地域（建ぺい率 50%，容積率 100%）に属する。

請求人は，期限内申告において，評価通達に定める評価方法により，本件土地の価額を 1 億 5,204 万 9,744 円と評価した。

請求人は，第一次更正の請求において，本件土地の価額を不動産鑑定士が作成した不動産鑑定評価書における鑑定評価額（1 億 2,200 万円）とした。

請求人は，第二次更正の請求において，本件土地の価額を不動産鑑定士が作成した本件鑑定評価書における本件鑑定評価額（1 億 2,800 万円）とした。

なお，請求人は，本審査請求において，本件土地の価額は本件鑑定評価額によるべきである旨主張している。

原処分庁は，評価通達の定めに基づき，本件土地の価額を 1 億 5,204 万 9,744 円と評価した。

請求人の主張 本件土地について，評価通達に定める評価方法を適用すると，実質的な租税負担の公平を著しく害することが明らかであるから，評価通達の定めによらないことが正当と認められるような「特別の事情」がある。

本件土地の所在する地域の開発許可の最低面積は 500 ㎡であるところ，評価通達 24-4《広大地の評価》の定めの適用のある 500 ㎡の宅地について，本件土地に適用される路線価により相続税評価額を計算すると，1 億 2,075 万円となって，本件土地よりも 150 ㎡程度大きい画地の評価額の方が，本件土地の相続税評価額である 1 億 5,204 万 9,744 円よりも著しく低くなる。

このような大きな開差が生じる事態は，正しく実質的な租税負担の公平を著しく害することが明らかな場合に該当するから，評価通達に定める評価方法によら

ないことが正当と認められるような「特別の事情」がある。

原処分庁の主張 請求人の主張は，以下のとおり，理由がない。

評価通達24-4の定めは，当該地域における標準的な宅地の地積に比して著しく地積が広大な土地について，開発行為を行うとした場合に道路や公園等の公共公益的施設用地を負担することにより，潰れ地が生ずることによる減額を補正するために適用するものであるが，本件鑑定評価書における開発法による価格の試算において検討された開発計画等によっても，本件土地に公共潰地は生じない。

そうすると，公共潰地がない本件土地と，公共潰地が生じることによる減額を補正する必要がある広大地を比較することによって生じる開差は，前提となる事実関係を異にすることにより生じるものである。

したがって，本件土地の価額について，評価通達に定められた評価方法により評価しても，実質的な租税負担の公平を著しく害することが明らかである場合には該当せず，評価通達に定める評価方法によらないことが正当と認められるような「特別の事情」はない。

審判所の判断 請求人は，本件鑑定評価額が相続開始日における本件土地の時価であり，不動産鑑定評価基準に準拠して行われた不動産鑑定は一般的には客観的な根拠を有するものであり，本件鑑定評価額が評価通達の定めにより評価した価額を下回るから，本件土地には評価通達の定めによらないことが正当と認められるような「特別の事情」がある旨主張するところ，当該「特別の事情」があることについては納税者の側で立証責任を負うので，本件鑑定評価書に係る不動産鑑定が不動産鑑定評価基準に準拠して行われていると認められるか否かについて，以下検討する。

規準価格については，本件鑑定評価書に係る不動産鑑定は，以下のとおり，規準価格の算定過程において不合理な判断を前提にしていることから，公示価格との間に均衡を保たせることができておらず，公示価格を規準としなければならない旨を定めた不動産鑑定評価基準に準拠して行われているとは認められない。

本件鑑定評価額の1㎡当たりの金額（約35万円）は本件公示地の価格時点における価格50万6,430円（平成○年1月1日の公示価格51万円に時点修正（99.3%）を行った後のもの）の約69%に相当する価格となっているが，本件土地と本件公示地との状況を比較してみると，このような大きな開差が生じるとは認め難い。

むしろ，このような大きな開差が生じたのは，本件公示地の公示価格の標準化補正に当たり，本件公示地が標準的画地に比べ地積が広いこと（規模大）の補正をしなかったことによるものと認められる。

以上からすると，本件鑑定評価書に係る不動産鑑定は，本件土地の価格（本件鑑定評価額）と比準公示地の公示価格との間に均衡を保たせることができていないものと評価せざるを得ない。

上記のとおり，本件鑑定評価書に係る不動産鑑定は，その規準価格の算定をする過程において不合理な判断をしているものであり，その結果，本件鑑定評価額は，本件土地の価格（本件鑑定評価額）と比準公示地の公示価格との間に均衡を保たせることができていないものであるから，本件公示地の公示価格を規準としているものとは認められず，結局，本件鑑定評価書に係る不動産鑑定は不動産鑑定評価基準に準拠して行われているとは認められない。

本件鑑定評価額の決定方法については，不動産鑑定評価基準は，更地の鑑定評価額について，①比準価格および土地残余法による収益価格を関連付けて決定するものとし，②再調達原価が把握できる場合には，積算価格をも関連付けて決定すべきとし，さらに，③近隣地域の標準的な土地の地積に比べて大きい土地の場合においては，開発法による価格を比較考量して決定するものとする旨を定めている。

本件鑑定評価額は，取引事例比較法および開発法を適用して求めた試算価格を基に決定しているが，収益方式による収益価格については試算，検討がされておらず，また，本件鑑定評価書上，試算，検討をしなかった理由が記載されていないことから，本件鑑定評価書に係る不動産鑑定は，不動産鑑定評価基準に準拠して行われていないものと認められる。

収益価格を試算しなかった理由について，請求人は，不動産鑑定士によれば，鑑定評価上の開発法の位置付けは，収益価格の一部と捉えられているなどと主張する。

しかし，不動産鑑定評価基準の総論に収益価格と開発法による価格がそれぞれ別に定められていること，さらに，不動産の鑑定評価における基本的な手法は，原価法，取引事例比較法および収益還元法に大別され，このほか三手法の考え方を活用した開発法等の手法があるとされ，それぞれが区別されていることからしても，請求人の主張は，収益価格を関連付けなかった理由として合理的なものとはいえない。

なお，収益還元法は，一般的に市場性を有しない不動産以外のものには全て適用すべきものであり，自用の住宅地といえども賃貸を想定することにより適用すべきものとされていることからしても，収益価格を関連付けなかった理由は特段見当たらない。

本件鑑定評価書に係る不動産鑑定は，上記のとおり，不動産鑑定評価基準に準拠していない部分や，不動産鑑定評価基準に準拠して行われているとは認められない部分があるから，「不動産鑑定評価基準に準拠して行われた不動産鑑定は，一般的には客観的な根拠を有するものとして扱われるべき」という前提の下，評価通達の定めによらないことが正当と認められるような「特別の事情」がある旨の請求人の主張は，その前提を欠き，採用することができない。

請求人は，評価通達24-4の定めの適用のある500㎡の宅地の相続税評価額の方が，地積の狭い本件土地（365.68㎡）の相続税評価額よりも著しく低くなる。このような大きな開差が生じる事態は，正しく実質的な租税負担の公平を害することが明らかな場合に該当するから，評価通達の定めによらないことが正当と認められるような「特別の事情」がある旨主張する。

しかしながら，評価通達24-4の定めを適用して評価した価額は，開発行為をした場合に相当規模の公共公益的施設用地（すなわち，道路等の潰れ地）の負担が生じること等を考慮した価額であることから，本件土地よりも地積の広い土地について，同通達の定めを適用して評価した価額が，公共公益的施設用地の負担が生じないと認められる本件土地の評価額を著しく下回ったとしても，そのような事情は，本件土地の評価に当たり，評価通達の定めによらないことが正当と認められるような「特別の事情」には該当しない。よって，請求人の主張は採用できない。

なお，本件土地については，不動産鑑定士が本件鑑定評価書において開発法の価格を試算するに当たって，区画割りをしたとしても公共潰地（道路等の潰れ地）が発生しないと判断していることからしても，本件土地が公共公益的施設用地の負担が生じない土地であることは明らかである。

争点に対する判断は，以上のとおり，本件土地の評価について，評価通達の定めによらないことが正当と認められるような「特別の事情」があるとは認められないから，本件土地の価額は評価通達の定めにより評価することが相当である。

コメント 請求人は，評価通達の定めによらないことが正当と認められる「特別の事情」があるので，鑑定評価額をもって時価であると主張したが，審判所は，本件土地の価額は「特別の事情」はないので，同通達の定めにより評価した価額によるべきだと判断した。

その理由として，審判所は，①取引事例比較法における比準価格の試算において本件土地は第一種低層住居専用地域（建ぺい50%，容積率100%）に存するにもかかわらず，第一種中高層住居専用地域（60,200）の取引事例を採用し，取引事例の選択が不適切である。②収益価格を試算，検討しておらず，なおかつ，その理由を鑑定書に記載していないので，鑑定評価書は不動産鑑定評価基準に準拠したものとは認められない。したがって，本件土地の相続開始日の時価とは認められないと判断した。

本件鑑定評価において，本件土地と公示地との地域格差は大きな開差があるように記載されているが，このような大きな開差が生じるとは認め難いと，審判所は判断した。

さらに請求人は，500㎡以上の土地で評価通達24-4の定めの適用がある場合，地積が365.68㎡の本件土地の相続税評価額よりも著しく低くなるのはおかしい。これからして評価通達の定めによらないことが正当と認められる「特別の事情」があると主張する。広大地が適用されるには公共公益的施設用地（すなわち，道路等の潰れ地）の負担が生じることを考えた価額であるが，本件土地の場合，不動産鑑定士が本件鑑定評価書において開発法による価格を求めるに際して潰地は出ないと判断して試算していることからして，評価通達の定めによらないことが正当と認められる「特別の事情」があるとは認められないと審判所は判断した。

また，請求人鑑定評価額において本件土地は365.68㎡の規模の土地で，なおかつ開発法による価格を試算するにおいて潰地は発生しないと想定しているにもかかわらず，個別格差率で規模大△30を控除しているが，その理由の記載がない。これも請求人鑑定評価額が信頼されない理由の一つかと思う。

【17】本件土地は，賃借人の数は複数ではなく他に「特別の事情」もないので，借地権と併合される可能性がある土地と判断される。よって，本件土地の価額は評価通達等の定めに基づいて算定すべきとした事例

（福裁（諸）平22第19号・平成22年3月18日）

本件土地の概要 本件土地は，相続開始日において，本件被相続人が締結していた普通建物所有を目的とする賃貸借契約に基づき，甲土地は○○○に，乙土地は○○○に賃貸中であった。

請求人の主張 本件土地の所在する地域においては，借地権および底地の取引事例が把握できず，適正な借地権割合を算定できないことから，本件土地を借地権価額控除方式により評価することは妥当ではない。

したがって，本件土地の価額は，不動産鑑定評価基準に準拠する収益還元法に基づき評価した請求評価額によるべきである。

原処分庁の主張 本件申告評価額は，合理的と解されている評価通達等に基づき適切に評価されており，本件申告評価額が本件土地の客観的な交換価値を上回っていると認められる事由はない。また，本件評価書は公正妥当な鑑定理論に従っているものとはいえず，本件請求評価額が課税時期における適正な時価を示しているものとは認められない。

審判所の判断 請求人は，本件土地の所在する地域においては，借地権および底地の取引事例が把握できないことから，適正な借地権割合を算定できず，したがって，本件土地を借地権価額控除方式により評価することは妥当ではない旨主張する。

しかしながら，借地権価額控除方式を適用する場合における借地権割合の評定は，借地権または底地の売買実例価額のみに基づいて行われるのではなく，評価通達27の定めに従って，借地権の売買実例価額，精通者意見価格，地代の額等を基として行うこととされているところ，当審判所の調査によれば，土地取引の精通者としての不動産鑑定士の意見等を勘案して本件土地の所在する地域の借地権割合を40%と評定しており，これは評価通達27の定めに従った適切な手続きに基づいて行われたものであることから，当該借地権割合は，本件土地の所在す

る地域における借地権割合として正当に評定されていると認められる。

また，本件土地は，普通建物所有を目的として締結された賃貸借契約に基づき賃貸中の土地であるところ，それぞれの土地全体が賃貸借の対象であり，賃借人はいずれも複数ではなく，加えて，他に特段の事情もないことからすれば，将来，本件土地が本件土地の上に存する借地権と併合されて完全所有権となることを妨げる「特別の事情」は認められない。

そうすると，本件土地の価額を評価するに当たって，評価通達等の定めによらないことが正当と認められる「特別の事情」があるとは認められないことから，請求人の主張には理由がない。

以上のことからすると，本件土地の価額は，評価通達等の定めに基づいて算定することが相当であり，評価通達等の定めに基づいて評価すると，本件各申告評価額と同額となる。

原処分のその他の部分およびあわせ審理した更正処分については，当審判所に提出された証拠書類等によっても，これを不相当とする理由は認められない。

コメント 請求人は，本件土地の存する地域では借地権および底地の取引事例が把握できないので適正な借地権割合を算定できない，本体土地を借地権価額控除方式により評価するのは妥当ではない，と判断した。したがって，本体土地の価額は，不動産鑑定評価基準に準拠する収益還元法に基づいた評価額によるべきだと主張した。

しかし，審判所は，借地権価額控除方式を適用する場合の借地権割合の評定は，借地権または売買実例価額のみに基づくものではなく，借地権の売買実例価額，精通者意見価格，地代額等を基として行っている。審判所の調査によれば，○○国税局長は，土地取引の精通者としての不動産鑑定士の意見等を勘案して本件土地の存する地域の借地権割合を40%と評定している。これは適切な手続きに基づいて行われているので，当該借地権割合は正当に評定されていると認められると述べている。

また，審判所は，本件土地は全体が賃貸借の対象であり，賃借人は複数ではなく，かつ他に「特別の事情」もないので，将来本件土地の上に存する借地権と併合されて完全所有権となる可能性があるとした。そうなると，本件土地の評価において評価通達等の定めによらないことが正当と認められる「特別の事情」があるとは認められないので，請求人の主張には理由がないと審判所は述べている。

したがって，本件土地の価額は，評価通達等の定めに基づいて算定することが相当であると審判所は判断した。

【18】審判所が取引事例および公示価格を基に算定した本件土地の時価は路線価評価額を下回らないので，本件土地の価額は路線価評価額とすべきとした事例

（東裁(諸)平13第55号・平成13年9月25日）

請求人の主張 請求人は，路線価評価額は時価を上回っており，本件土地の価額は請求人鑑定評価書に記載された本件土地の1㎡当たりの価額31万2,000円に本件土地の地積582.83㎡を乗じた1億8,184万2,960円（以下，請求人鑑定評価額という）であるとして，本件更正の請求をした。

なお，請求人および原処分庁が主張する当該価額は次のとおりである。

	請求人の主張する価額	原処分庁の主張する価額
本件土地の価額	181,842,960円	234,064,528円
特例適用後価額	131,922,960円	169,808,528円

原処分は次の理由により違法であるから，その全部の取消しを求める。

本件土地の隣地（以下，本件取引事例地という）が平成○年9月1日付で1㎡当たり20万7,766円（以下，本件取引価格という）で売買されているが，本件取引事例地の前面の路線に設定された路線価（以下，事例地路線価という）は，平成○年分で1㎡当たり37万円となっていることから，当該路線価は実勢価格とかい離しているといわざるを得ない。

原処分庁は本件取引価格は売り急いだ特殊な取引事例の価格であるとしているが，本件取引価格は妥当な時価である。

原処分庁の主張 原処分は，次の理由により適法であるから，本件審査請求をいずれも棄却するとの裁決を求める。

請求人が本件申告書において本件路線価に基づいて評価した本件土地の価額は正当なものであるから，本件更正の請求に対し更正をすべき理由がないとしてなされた本件通知処分は適法である。

請求人鑑定評価書の本件土地の価額は，次の理由により相続税法第22条に規定する時価として採用することはできない。

路線価評価額は，原処分庁が依頼したA不動産鑑定士による不動産鑑定評価

額（1㎡当たり49万2,000円）およびB不動産鑑定士による不動産鑑定評価額（1㎡当たり48万8,000円）を下回っており，本件土地の時価を超えるものではない。したがって，本件土地の本件相続税の算定に当たり算入する価額は，路線価評価額を基とすることが相当であり，本件更正の請求に対して更正をすべき理由がないとした本件各通知処分は適法である。

審判所の判断 請求人は，本件土地の価額について，路線価評価額ではなく，請求人鑑定評価額によるべきである旨主張するので，路線価により算定した評価額につき本件土地の価額を上回っているような「特別の事情」があるか否か，および請求人鑑定評価額が相続税法第22条に規定する時価として認められるか否かについて検討する。

不動産鑑定士が不動産の鑑定評価の基準としている不動産鑑定評価基準にあっては，比準価格の算定の基礎として採用する取引事例について，売り急ぎや買い進み，あるいは売買当事者が限定されているなどの事情がある場合には，その取引価額は売買当事者間の事情等によって左右されることが十分に考えられるから，このような場合には，取引事情が正常なものと認められるもの，または正常なものに補正することができるものを採用することとしていることから，これに該当しないいわゆる特殊な取引事情のある取引事例は採用すべきではなく，またそのように解することが相当とされる。

これを請求人鑑定評価書で採用した取引事例A，CおよびDについてみると，当該各取引事例は特殊な事情があるとして事情補正が行われているが，正常な取引との格差の根拠が明確でなく，また，それについて当審判所に対して資料等の提出もない。

また，取引事例Bの周辺地域は旧国鉄跡地の再開発地区であり，画地規模が大きく，駐車場や更地となっている地域が多いことからみて，本件土地の所在する近隣地域に比し交通・接近条件は優れているが，環境条件は劣っていると判断され，請求人鑑定評価書の地域格差は相当でない。

さらに，取引事例Cについては，○○駅の東方600mに所在しており，本件土地の所在する近隣地域より繁華性が相当高く，比準価格を算定するための取引事例として相当でない。

したがって，請求人鑑定評価書の比準価格は，適切な比準価格を表しているとは認められない。

請求人鑑定評価書において，収益価格の算定のために採用した収益事例Ｅは，○○駅の北方約 0.6k m にあり○○に面しているのに対して，本件土地は○○駅の東方約 1.2k m にあって○○に面しており，これらの土地が所在する地域は，○○により分断されていることなどにより，地域的に状況が類似していない。

また，請求人鑑定評価書によれば，本件土地の最有効使用の判定において，中高層の複合商業ビル用敷地としての使用が最有効使用と判定しているが，収益事例Ｅは，鉄骨造８階建ての店舗，事務所および共同住宅の賃貸事例であり，一般的に商業ビルと共同住宅とでは支払賃料が相違することから，最有効使用の判定と異なる当該収益事例は収益価格を算定するための収益事例として相当でない。

請求人鑑定評価書において規準としている本件基準地は，○○駅の東方約 2.2k m，本件土地の東方約 1.1k m の地点にあるのに対し，本件公示地は，○○駅の東方約 1.1k m，本件土地の西方約 100 m の地点にあり，本件土地と街路条件も同一であり，本件土地の近隣地域と同様に店舗・事務所等が続いていることからすると，本件公示地の公示価格を規準として規準価格を算定すべきであり，請求人鑑定評価額が本件公示地の公示価格を規準としていないことについて合理的な理由があるとは認められない。

以上のことから，請求人鑑定評価額は，本件相続開始日における適切な本件土地の時価を表しているとは認められない。

原処分庁の主張する時価については，原処分庁は，原処分庁が依頼したＡ不動産鑑定士およびＢ不動産鑑定士の不動産鑑定評価額は，路線価評価額をいずれも上回っており，路線価評価額は本件土地の時価を超えるものではない旨主張する。

しかしながら，原処分庁から提出された不動産鑑定評価書の写しには，その鑑定を行った不動産鑑定士の氏名が明らかにされていないところ，一般的にこのような証明書等の書類は，誰がどのような立場で作成したかが重要であると考えられることから，原処分庁が提出した不動産鑑定評価書の写しを本件土地の時価を証明する証拠資料として採用することはできない。

したがって，この点に関する原処分庁の主張は採用することはできない。

当審判所が認定した時価については，上記のとおり，請求人および原処分庁の算定した本件土地の時価はいずれも採用することができないので，当審判所において本件土地の時価を検討したところ，次のとおりである。

当審判所の調査の結果によれば，平成○年には本件土地と地域的に状況が類似する土地の取引事例が，2地点（以下，取引事例F，取引事例Gという）存在し，当該取引事例は，本件土地と地域的に状況が類似していることから，本件土地の評価において比準価格を算定するための取引事例として相当と認められる。

また，規準価格の算定に当たっては，上記のとおり，本件公示地により求めることが相当と認められる。そこで，上記取引事例Fおよび同Gの取引価格と本件公示地の公示価格を基に，当審判所においても相当と認める基準の一つであり，不動産鑑定評価で適用されている土地価格比準表に準じて地域要因および個別的要因等の格差補正を行って本件相続開始日における本件土地の時価を算定したところ，1㎡当たり49万円となり，これに本件土地の地積582.83㎡を乗じると，本件土地の時価は2億8,558万6,700円と算定される。

本件取引価格については，請求人は，本件取引価格は妥当な時価である旨主張するが，当審判所が原処分関係資料を調査した結果によれば，次の事実が認められる。

本件取引事例地の売主は，異議審理庁所属の担当職員の質問に対し，次のとおり申述している。

本件取引事例地は，ガソリンスタンドの敷地として利用していたが，他店との競合もあり，平成○年6月に当該ガソリンスタンドを閉鎖した。

平成○年末から平成○年初めころ，本社から本件取引事例地を譲渡する旨の指示があり，当初は購入希望者もいたが，銀行の貸し渋りなど資金繰りの面から話がまとまらなかった。その後，本社から譲渡価額は簿価を下回らない価額であればよいとの指示があり，平成○年9月1日付で売買代金1億円として売買契約した。

・譲渡価額は，実測した結果，面積が減少したため，3.3㎡当たり68万7,000円で精算し，9,839万3,000円となった。
・本件取引事例地には地下タンク等が存在し，解体撤去費用は総額450万円を要した。この金額は，一旦，本社が支払った後，買主から同金額を受領した。
・本件取引事例地を譲渡するに当たり，それほど売り急いだという感じはないが，平成○年に着任するまでは東京にいたので，地価事情を知らなかった。また，譲渡価額については，簿価を下回らなければよいという思いが強く，本件取引事例地の時価がどれ位かということはあまり考えなかった。

本件取引価格は，上記に基づいて判断すると，①閉鎖しているガソリンスタンドの敷地の譲渡で，譲渡に当たり，本社からの簿価を下回らなければよいとの指示に基づき，本件取引事例地の周辺の地価事情を調べずに譲渡したため，低い取引価額となったことが推認されること，②本件取引事例地には地下タンク等の埋蔵物が存在する特殊な事情を含んだ事例であることから，本件取引価格は，不特定多数の当事者間で自由な取引が行われる場合に通常成立すると認められる価額とはいえない。

したがって，この点に関する請求人の主張には理由がない。

本件通知処分の適法性については，上記のとおり，本件相続開始日におけるその宅地の価額が，路線価に基づき評価した価額を下回っているような「特別の事情」のない限り，路線価に基づいて評価する方法は合理的なものであると認められる。

そうすると，①本件路線価により算出できない事情があるとは認められないこと，②上記で算定された本件相続開始日における本件土地の時価である2億8,558万6,700円は路線価評価額である2億3,406万4,528円を下回らないことから，

<table>
<tr><td rowspan="4">比準価格等の試算</td><td>取引事例等</td><td>取引価格等
(円/㎡)</td><td>事情補正</td><td>時点修正</td><td>標準化補正</td><td>地域格差</td><td>個別格差</td><td>1㎡当たりの試算価格
(円/㎡)</td></tr>
<tr><td>F</td><td>302,160</td><td>$\times\frac{100}{100}$</td><td>$\times\frac{98}{100}$</td><td>$\times\frac{100}{98}$
(二方路 1.02
形状 0.98
地積 0.98)</td><td>$\times\frac{100}{63}$</td><td>$\times\frac{103}{100}$
(角地 1.03)</td><td>≒ 494,000</td></tr>
<tr><td>G</td><td>440,490</td><td>$\times\frac{100}{100}$</td><td>$\times\frac{99}{100}$</td><td>$\times\frac{100}{103}$
(角地 1.05
形状 0.98)</td><td>$\times\frac{100}{89}$</td><td>$\times\frac{103}{100}$
(角地 1.03)</td><td>≒ 490,000</td></tr>
<tr><td>本件公示地</td><td>740,000</td><td>$\times\frac{100}{100}$</td><td>$\times\frac{97}{100}$</td><td>$\times\frac{100}{102}$
(二方路 1.02)</td><td>$\times\frac{100}{149}$</td><td>$\times\frac{103}{100}$
(角地 1.03)</td><td>≒ 486,000</td></tr>
<tr><td colspan="2">本件土地の1㎡当たりの価額</td><td colspan="2">490,000円</td><td colspan="5">各試算価格の平均値をもって決定した。</td></tr>
<tr><td colspan="2">本件土地の価額</td><td colspan="2">285,586,700円</td><td colspan="5">490,000円 × 582.83㎡ = 285,586,700円</td></tr>
</table>

本件土地の価額は路線価評価額とすることに違法はないというべきである。

また，請求人が本件申告書に記載した路線価評価額に誤りは認められず，当該金額を基として請求人の課税価格および納付すべき税額と同額であることから，本件更正の請求に対し更正をすべき理由がないとしてなされた本件各通知処分は適法である。

コメント 審判所は，請求人鑑定評価額について，取引事例比較法による比準価格を求めるにあたり取引事例A，C，Dは「特別の事情」があるとして事情補正を行っているが，正常な取引との格差の根拠が明確ではなく，かつ資料等の提出もない。したがって，請求人鑑定評価書の比準価格は適切な比準価格を表しているとは認められないと審判所は指摘した。

審判所は，請求人鑑定評価額について，収益還元法による収益価格を求めるにあたり，本件土地と収益事例Eとは最有効使用の判定が異なるので，収益価格を算定するための収益事例としては相当でないと指摘した。本件土地の最有効使用は中高層の複合商業ビル用敷地と請求人鑑定評価書では判定しているが，収益事例Eは鉄骨造8階建ての店舗・事務所および共同住宅の賃貸事例であって，一般的に商業ビルと共同住宅とでは支払賃料が相違するから事例としては適切でないと審判所は理由付けした。収益事例においても，対象物件と類似する事例に基づく収益事例を採用すべきと痛感する。

【19】区分所有建物の固定資産税評価額は居住用マンションと比べて30％程度低く設定されているので，本件建物が車庫の構造であることが価額に十分反映されていると推認できるとした事例

（東（諸）平20第50号・平成20年10月2日）

本件建物の概要 本件は，本件土地上に存する鉄筋コンクリート造4階建て（延床面積1,878.31㎡，総戸数21戸（住戸部分20戸：本件物件））の1階部分の区分所有建物およびその敷地権で，本件建物の専有部分のうち187.67㎡は車庫，残りの16.16㎡は倉庫として利用されている。

請求人は，評価通達に基づき，本件敷地権の価額を5,097万1,240円，本件建物の価額を1,381万4,500円（合計額6,478万5,740円）と計算して，申告した。

請求人は，本件物件の価額は不動産鑑定士作成の鑑定評価書（以下，本件鑑定書という）における鑑定評価額1,430万円（以下，本件鑑定評価額という）であるとして本件更正の請求をした。

請求人の主張 原処分は，次の理由により違法であるから，その全部を取り消すべきである。

本件物件には次のような「特別の事情」が存するから，本件物件の価額について，評価通達によって画一的に一般の居住用マンションと同じ方法で評価するのは不適当である。

(イ) 本件物件は車庫として賃貸しており，車庫として賃貸した場合の収益性は，貸家として賃貸した場合に比べて著しく劣ることから，一般の居住用マンションと同じ価額での取引は到底成立し得ない。

(ロ) 本件物件には窓がないことや，天井までの高さが低いことなどの構造上，居宅への転用が不可能であることから，買い手が限定され，売却が困難である。

(ハ) 本件物件のうち倉庫部分は専有部分でありながら，マンション入居者全員の通路および倉庫として共用部分と同じように使用されている。

原処分庁の主張 原処分は次の理由により適法であるから，審査請求を棄却するとの裁決を求める。

本件物件の類似地域に存し，状況が類似すると想定される取引事例等から求めた相続開始日における本件敷地権の時価は5,917万8,315円と認められるところ，評価通達に基づく価額は当該価額を下回っている。

このことから，本件敷地権については評価通達に定める方法によらないことが正当として是認され得るような「特別の事情」があるとは認められない。

審判所の判断

請求人は，①本件物件は車庫として賃貸されており，車庫として賃貸した場合の収益性は，貸家として賃貸した場合に比べて著しく劣ることから，売却するとした際に，一般の居住用マンションと同じ価額での取引は成立し得ないこと，また②本件建物の構造上，居宅への転用が不可能であることから，売却するとした際には，買い手が限定され，売却が困難である旨主張する。

しかし，車庫の用に供されている本件建物は，居住の用に供されている建物に比べて，固定資産税評価額が30%程度低く定められているから，本件建物が車庫の構造であることは固定資産税評価額に反映されていると推認でき，これに基づき評価される評価通達に基づく評価額にも，本件建物が一般の居住用マンションとは異なる構造であることが反映されているということができる。そして，本件建物は，周辺のマンションにおいて一般的な構造の車庫である。したがって，評価通達に定める画一的な方法によって評価したのでは，適正な時価が求められず，著しく課税の公平を欠くことが明らかであるとはいえない。

また，本件土地の利用方法は，本件土地の存する地域で標準的なマンション敷地であり，その規模も標準的である。そして，本件土地について，本件被相続人の有する持分が他の区分所有者が有する共有持分と質的に異なるということはない。したがって，財産の価額をその共有者の持分に応じてあん分して共有持分の価額を評価するという評価通達の定めによって評価したのでは，適正な時価が求められず，著しく課税の公平を欠くことが明らかであるとはいえない。

この点，請求人は，AおよびBの取引事例を掲げて本件物件の客観的交換価値が低い旨を主張するが，いずれの取引事例も本件物件の所在地とは異なる地域のものであり，Aの事例は1台分の駐車スペースのみの取引事例であり，Bの事例は立体駐車場の取引事例であって，いずれも本件物件と類似性がないことから，これらの取引事例をもって，評価通達に基づく評価額よりも本件物件の客観的交換価値が低いことが明らかであるとはいえない。

さらに，請求人は，本件物件のうち倉庫部分が，専有部分でありながら，実際は共用部分と同様に使用されていることを主張する。しかしながら，本件管理組合は，本件物件の一部を倉庫として使用する賃借権を有するものではない。したがって，所有者の意思によって，そのような使用状態を解消し，自用の倉庫として使用するなどの措置を講ずることは容易であるから，特段の減価要因として考慮する必要はないというべきである。

以上のことから，請求人が主張する上記事情のみによって，本件物件の価額を評価するに当たって，評価通達の定めによらないことが正当と認められる「特別の事情」があるとは認められない。

請求人は，本件鑑定評価額が本件物件の価額である旨主張する。本件鑑定書は，鑑定評価額に積算価格の土地の価格構成割合を乗じて，本件敷地権の内訳価格を680万円と算出している。この価格に基づき，本件敷地権の1㎡当たりの価格を換算すると約4万4,500円となり，本件鑑定書において，本件物件の周辺に存する基準地「○－○」を基に算出した1㎡当たりの規準価格49万7,000円と比較して，著しく均衡を失している。

また，本件鑑定書は，本件物件の駐車場としての年間総収益（6台分の実際賃料および1台分の想定賃料に保証金等の運用益を加算したもの）から年間総費用を控除して年間純収益を算出し，これを還元利回り（6.5%）で除して本件物件の収益価格を試算し，積算価格は参考程度にとどめ，収益価格をもって鑑定評価額としている。

しかしながら，当該財産から生ずると期待される純収益の現在価値の総和を求める収益還元法は，将来の収益の予測が困難であり，将来の収益を現在価値に還元する利回りの算定にも主観的な判断に左右される部分がある上に，本件鑑定評価額を決定するに当たって，積算価格を参考程度にとどめるとするのみで比較考量をせず，収益価格をもって鑑定評価額としていることについても，明確な根拠がないというべきである。

しかも，相続税は，相続等により取得した財産の全部に課税されるものであり（相続税法第2条第1項），相続等により取得する財産は，必ずしも収益性のある財産に限定されていないから，本件のような不動産の評価に当たって，当該財産が将来生み出すであろう収益を基に試算される収益価格をもって時価とすべき根拠もない。とりわけ，本件物件は，それ自体を独立して賃貸し，収益を上げることを予定した物件でないから，本件物件の収益に基づいて試算された収益価格が，本件物件の客観的交換価値を直ちに表すものとも言い難い。そうすると，本件鑑定評価額が本件物件の時価であるということもできない。

コメント　請求人は，本件区分所有建物およびその敷地は，車庫として賃貸していることなどの「特別の事情」があるので，評価通達の方法で評価するのは不適当である。よって，不動産鑑定士による鑑定評価額によるのが相当であると主張する。

　しかしながら，審判所は，①本件区分所有建物は固定資産税評価額が居住用のマンションと比較して 30% 程度低く定められているから，本件建物が車庫の構造であることは固定資産税評価額が反映されていると推認できること，②また，本件建物は，周辺のマンションにおいて一般的な構造の車庫であるので，評価通達に定める画一的な方法によって評価したので，著しく課税の公平を欠くことが明らかであるとはいえない。③さらに，本件鑑定書は，積算価格は参考程度にとどめ，収益価格をもって鑑定評価額としているが，収益価格を鑑定評価額としていることについて明確な根拠がないこと等から，本件鑑定評価額が本件時価であるということもできない。以上の理由により，評価通達の定める評価方法により求めた時価を否定するような「特別の事情」はないので，本体土地の時価は評価通達による評価額であると審判所は判断した。

【20】請求人鑑定評価における比準価格は，適切な取引事例に基づいた比準価格とは認められない。また，開発法による価格も経済合理性に優れた開発想定図によるものとは認められないとした事例

（関裁（諸）平28第15号・平成28年10月20日）

本件土地の概要 相続開始時における本件土地1および本件土地2（以下，本件土地という）の現況等は次のとおりである。

・本件土地1：地積1,492.40㎡。現況山林。北西から南東に向かい緩やかな下り傾斜を呈している。

・本件土地2：地積763.60㎡。現況雑種地。資材置場として賃貸されていた。

本体土地は第一種低層住居専用地域（建ぺい率50%，容積率80%）に存する。

請求人の主張 本件鑑定評価は，本件土地の個別要因を網羅し，それらを適正な鑑定手法に当てはめているから合理的である。

請求人は，本件相続に係る相続税について，本件土地1の価額を1,564万352円，本件土地2の価額を3,011万6,203円と評価して申告した。

請求人は，本件相続に係る相続税について，平成○年5月25日，更正の請求をした。請求人は，更正の請求において，本件土地の価額を2,079万2,554円と評価した。これは，本件土地に係る鑑定評価額2,097万円から，本件土地2に係る賃借権の価額に相当する17万7,446円を控除した価額である。

請求人は，本件審査請求においては，本件土地の価額を2,097万円であると主張している。

原処分庁の主張 本件鑑定評価額の決定過程には次のような疑義があるから，本件鑑定評価には合理性が認められない。

取引事例比較法の適用において，土地価格比準表によれば，無道路地の鑑定評価に当たっては，現実の利用に最も適した道路等に至る距離等の状況を考慮し，取付道路の取得の可否およびその費用を勘案して適正に定めた率をもって補正する旨定めているところ，本件鑑定評価における無道路地の個別格差率は，その算定根拠が示されておらず，土地価格比準表に準拠しているとは認められない。

開発法で用いる平均分譲単価について，取引事例比較法を適用して求めた標準

的画地の単価を基に算定しているところ，平均分譲単価7万7,638円／㎡は，本件土地の近隣に所在する本件基準地の単価に比して20%以上も低位な価格となっていることから，標準的画地の単価の合理性に疑義がある。

審判所の判断　本件鑑定評価は，①本件土地周辺に存する土地の取引事例を選択し，それらの取引価格を補正するなどして標準的画地の価格を求め，さらに，当該標準的画地の価格に対して，本件土地との個別要因の差異により補正して比準価格を試算し（取引事例比較法），また，②本件土地の分譲を想定して，販売総額から造成費相当額等を控除して得た開発法による価格を査定した上，③比準価格（2,346万円）および開発法による価格（1,847万円）を同等の比重で配分し，④公示価格等を規準とした価格との均衡および単価と総額との関連の適否等に留意して，本件鑑定評価額（2,097万円）を決定するというものである。

取引事例比較法で採用した四つの取引事例のうち取引事例1は，その取引価格が3万1,716円／㎡であるところ，請求人提出資料および当審判所の調査の結果によれば，①当該取引は，ある法人の取締役である者が当該法人の債務に係る保証債務を履行する目的で，その妻に対し土地を売却したものであること，②当該取引が行われた平成○年における当該事例地の近傍に存する地価公示地の公示価格が○○円であることが認められる。

これらの事情に照らせば，取引事例1の取引価格は，上記の公示価格に比して著しく低廉であり，その原因は取引事情が特殊であることに起因するものということができるから，取引事例1に係る取引は，取引事情が正常なものとはいえず，取引事例の選択が適切であるとは認められない（取引事例としてやむを得ず採用する場合には取引価格の補正を要するところ，本件鑑定評価において補正がされているとは認められない）。

また，取引事例2は，その取引価格が4万3,399円／㎡であるところ，請求人提出資料および当審判所の調査の結果によれば，①当該取引は，代表者を同じくする法人間の売買取引であり，売却後も当該売買の譲渡者である法人が引き続き工場の用に供していること，②取引事例2の事例地に隣接する地価公示地の，当該取引が行われた平成○年における公示価格が○○であることが認められる。

これらの事情に照らせば，取引事例2の取引価格は，○○の公示価格に比して著しく低廉であり，その原因は取引事情が特殊であることに起因するものということができるから，取引事例２に係る取引についても，取引事情が正常なものとはいえず，取引事例の選択が適切であるとは認められない。

以上のとおり，本件鑑定評価においては適切な取引事例の選択がされているとはいえないから，それらの事例に基づき試算された比準価格は合理的とはいえない。

本件鑑定評価では，開発法の適用に当たり，別図１（略）の開発想定図が最も実態に即した開発計画案であるとしている。

当審判所の調査の結果によれば，○○の開発許可制度に適合するためには，①開発区域内の主要な道路が接続することとなる開発区域外の道路が，開発区域と接する箇所の終端部から都市の根幹となる道路に接続するまでの区間において，6.5ｍ以上の幅員で整備されていること，②開発区域内の道路が袋地状でないことなどの要件を満たす必要があると認められるところ，別図１（略）の開発想定図の開発はこの要件を満たすものと認めることができる。

ところで，本件土地について開発行為を想定する場合，別図１（略）の開発想定図の開発に加えて，別図２（略）のような開発方法も想定できるところ，別図２（略）のような開発は，①本件土地の北東に通路部分を設けることにより，都市の根幹となる道路までの区間において，道路が4.0ｍ以上の幅員で整備されており，②開発区域内の道路は○○から○○まで通り抜けており，袋地状でなく，また，担当職員の答述によれば，別図２（略）の開発想定図においても開発許可が可能であることが認められることからすると，別図２（略）の開発想定図も開発許可制度に適合しているということができる。そして，別図１（略）の開発想定図と別図２（略）の開発想定図のそれぞれの買取等予定地の面積を比較すると，別図２（略）の開発想定図の開発のほうが少なく，買収費用の額も少なくなるといえることからすると，別図２（略）の開発想定図の開発のほうが経済的合理性に優れるものというべきである。

そうすると，より経済的合理性に優れる開発想定ができる以上，別図１（略）の開発想定図を前提に査定された開発法による価格は合理的とはいえない。

本件鑑定評価は，取引事例比較法による比準価格と開発法による価格を同等の比重で配分し規準価格との均衡および単価と総額との関連の適否等に留意して鑑定評価額を決定したとしている。

ところで，地価公示法第８条は，公示価格を規準としなければならない旨規定

＜当事者双方が主張する本件土地の評価額＞

区分	当初申告額	請求人の主張額	原処分庁の主張額
本件土地1	15,640,352円	20,970,000円	16,208,956円
本件土地2	30,116,203円		30,116,203円
合　計	45,756,555円	20,970,000円	46,325,159円

しているところ，本件の場合，規準とすべき本件基準地の標準価格が比準価格および開発法による価格のいずれよりも高額であるにもかかわらず，本件鑑定評価額は比準価格と開発法による価格の中庸で決定されていることからすると，公示価格等を規準としていることについて疑義があるといわざるを得ない。

以上のとおり，本件鑑定評価には，上記で指摘したような鑑定評価の合理性を疑わせるような点が認められることからすれば，本件鑑定評価は合理性を有すると認めることはできない。

以上のとおり，本件鑑定評価は合理性を有しないものであり，本件通達評価額が本件鑑定評価額を上回るとしても，そのことが本件土地の客観的交換価値を適正に評価したものとの推認を覆す事情とはならない。そして，その他に本件通達評価額が本件土地の時価を上回ることをうかがわせるような事情は認められない。

したがって，本件通達評価額は，本件土地の時価を適正に評価したものであると認めることができる。

コメント　請求人は相続により取得した土地の価額は不動産鑑定士による鑑定評価額によるべきであるとして更正の請求をしたが，審判所は，本件鑑定評価の取引事例比較法において採用した取引事例は，法人と同法人の取締役の妻との取引事例で，なおかつ当該法人の債務を履行する目的の売買という特殊な事情を有するにもかかわらず取引事例の補正をせずに採用していることが認められた事例である。当該事例に隣接する公示価格のポイントがあり，その公示価格に比べて著しく低廉であるにもかかわらず，取引事例の補正もなく適切な取引事例を選択しているとはいえないから，それらの取引事例に基づいて試算された比準価格は合理的とは認められないと判断した。

また，開発法による価格については，審判所認定の開発想定図と本件鑑定評価の開発想定図を比較すると，審判所の開発想定図のほうが経済的合理性に優れているといえるので，本件鑑定評価の開発想定図を前提として求められた開発法による価格は合理的とはいえないと判断した。

したがって審判所は，本件鑑定評価が合理性を有するとは認められないと判断した。

以上の理由により，評価通達の定める評価方法により求めた時価を否定するような「特別の事情」はないとして，本件土地の時価は評価通達による評価額が相当であるとした。

【21】定期借地権の設定された底地の時価は，評価通達に基づく評価額が相当であるとした事例

（東裁(諸)令元第87号・令和2年3月17日）

本件土地の概要

本件土地（地積542.00㎡）は，定期借地権が設定された底地である。本体土地上には平成○年12月新築の鉄筋コクリート造陸屋根の建物が存する。市街化区域内に所在しており，建ぺい率60%，容積率200%である。

本件土地は，相続開始日において，借地権設定者を被相続人，借地権者を○○として，借地借家法第22条《定期借地権》に規定する借地権を設定する内容の契約書（以下，これらを併せて「本件定期借地権契約」という）が締結されていた。本件土地は，○○が所有する平成○年12月11日新築の鉄筋コンクリート造陸屋根4階建ての建物の敷地であった。

本件定期借地権契約に係る定期借地権設定契約書の要旨は，次のとおりである。

・被相続人は，○○に土地を賃貸し，○○は賃貸用集合住宅の敷地として利用する目的をもってこれを借り受ける。借地権は，借地借家法第22条に定める定期借地権とする（第1条・目的）。

・本件土地についての借地権の存続期間は，平成○年5月1日から平成○年4月末日までとする（第2条・期間）。

・○○は，毎月末日までにその翌月分の土地の賃料を被相続人の指定する金融機関の預金口座に振込みにて支払う。賃料は，3年ごとに次の方式により改定する。

改定月額賃料＝従前月額支払賃料＋（賃料改定時の公租公課の月額－従前賃料決定時の公租公課の月額）×1.1倍（公租公課：土地に係る固定資産税，都市計画税）

請求人の主張

原処分庁の主張額には時価を上回る違法がある。また，本件鑑定評価額は時価を表している。本件土地は，不動産鑑定評価基準に基づき，実際支払賃料から諸経費を控除した土地の純収益を基準として査定された鑑定評価額により評価すべきである。

原処分庁の主張 原処分庁の主張額は，評価通達の定めに基づくものであるところ，本件鑑定評価額は適正な時価であるとは認められず，評価通達に定める評価方法によっては適正な時価を適切に算定することのできない「特別の事情」が存すると解することはできないから，原処分庁の主張額には時価を上回る違法はない。

審判所の判断 原処分庁の主張額については，評価通達に定める評価方法によるべきではない「特別の事情」がない限り，評価通達の定める評価方法に従い算定された評価額をもって「時価」であると事実上推認することができる。

この点，原処分庁が本件土地について評価通達の定めに従って評価したとする原処分庁の主張額は，「原処分庁の主張額（更正処分額）」欄に記載のとおりであるが，当審判所が本件土地を評価通達の定めに従って評価すると，別表（略）の本件土地の価額（以下，審判所認定額という）のとおりとなる。すなわち，本件土地の価額は，いずれも原処分庁の主張額と同額となる。

したがって，審判所認定額が相続開始日における本件土地の時価であると事実上推認される。

そこで，請求人の主張立証が，かかる推認を覆すものであるか否かについて，以下順次検討する。

実際支払賃料に基づく収益価格について検討すると，次のとおりである。

不動産鑑定評価基準によれば，底地の鑑定評価額は，実際支払賃料に基づく純収益等の現在価値の総和を求めることにより得た収益価格および比準価格を関連付けて決定するものとされている。

本件土地の近隣の標準地または標準宅地の鑑定評価においては，①既に保有している土地の有効利用以外では採算が取れないため収益還元法の適用は断念した，②地価水準に見合う賃料水準が形成されていないため共同住宅の想定は非現実的であり，収益価格は試算しなかった，③収益目的の土地取引は極めて少なく自己使用目的が取引の中心であることから収益還元法は適用しなかったなどとされ，鑑定評価額の決定において収益価格はほとんど考慮されておらず，相続開始日現在においても，その状況に特段の変化があったとは認められない。

このような本件土地の近隣の状況からすれば，収益還元法の適用は極めて困難な地域であるから，収益価格の試算自体が妥当であるか否かの客観的な検証が必要であると認められる上，仮に収益価格の試算が合理的である場合においても，実際支払地代の金額が不動産に帰属する適正な収益の水準であるかについて客観的な検証が必要であったと認められる。このことは，不動産鑑定士自ら，本件土地鑑定評価において，「実際支払賃料に基づく収益方式は，あくまで実際の支払地代を基準としているため，当該地代の水準により収益価格が影響されやすい」と指摘していることからも明らかである。

しかしながら，実際支払賃料に基づく収益価格の査定において，実際支払賃料について，上記の近隣の地域性を踏まえて客観的な検証が行われた形跡は認められないから，本件土地鑑定評価における実際支払賃料に基づく収益価格は，その合理性について疑問がある。

次に，本件検証価格について検討すると以下のとおりである。

不動産鑑定評価基準によれば，収益還元法による賃貸用不動産の総収益の算定における総費用については，減価償却費等の諸経費等を加算して求めることとされている。

この点，賃貸収入等から控除すべき費用は，当該不動産を賃貸して収益を上げるのに直接必要な費用となることから，直接的費用と認められない借入金の利子，賃貸不動産に化体されている自己資金の利息相当額等は，純収益算定のための費用としてはならないものと解すべきである。

本件検証価格の査定における純収益については，建物投資返済額として建物建設費用に期間 50 年，平均借入利率 0.4% の年賦償還率を乗じた額が総費用に加算されており，建物建設費用および建物建設に係る借入金の利子相当額が含まれていると認められる。

しかしながら，直接的費用と認められない借入金の利子は，純収益の算定において費用に計上してはならないのであるから，借入金の利子相当額を加算したことの合理性については疑問がある。

以上のとおり，本件土地鑑定評価における実際支払賃料に基づく収益価格および本件検証価格の合理性については疑問があることから，本件土地鑑定評価額によっても，本件土地に係る審判所認定額が相続開始日における客観的な交換価値を上回ることが明らかであるとはいえない。

上記のとおり，本件土地鑑定評価額によっても，審判所認定額が相続開始日における本件土地の客観的な交換価値を上回ることが明らかであるとはいえず，審判所認定額が相続開始日における本件土地の時価であるとの推認を覆すに足るものとは認められない。

したがって，評価通達に基づき評価した本件土地の価額（審判所認定額）をもって，本件土地の時価と認めるのが相当である。

コメント

請求人は，評価通達に基づいて算定された土地の評価額は時価を上回る違法があるが，本件鑑定評価額は時価を表しているので，本件土地の時価は本件鑑定評価額により評価すべきであると主張した。

しかしながら，審判所は，本件土地の鑑定評価における実際支払賃料に基づく収益価格および本件検証価格の合理性については疑問であって，審判所認定額が相続開始日の客観的な交換価値を上回ることが明らかとはいえないので，審判所認定額が本件土地の時価であることを覆すに足るものとは認められない。したがって，本件土地の時価は評価通達による評価額であると審判所は判断した。

【22】請求人鑑定評価額は更地価格を求めるにあたり比準価格のみを重視し，規準価格との均衡を図っているとは言い難い。また，個別格差補正において減価に合理性も認められないとした事例

(沖裁(諸)平17第16号・平成18年3月15日(公開))

本件土地の概要 本件土地（地積201.06㎡）は，相続開始時点において，請求人所有の建物（居宅）の敷地として利用されていた。本件土地の間口は10.8m，奥行は18.5mである。

本件土地の上にある建物は，被相続人より土地を借地していた○○から昭和○年7月に購入したものである。この建物の購入に際し，被相続人から地代の支払いは不要である旨の申し出があり，建物購入後は，被相続人に地代を支払ったことはない。本件土地の地盤面は，接する道路より約70cm低くなっている。

請求人の主張 相続税法第22条に規定する本件土地の時価は，請求人鑑定における鑑定評価額であり，原処分庁が行った評価通達等に基づく評価額（以下，原処分庁評価額という）は，次の理由により時価を超えており違法であるから，原処分の全部の取消しを求める。

本件土地は道路から約70cm低く，利用価値が著しく低下している宅地であるにもかかわらず，原処分庁はこの減額要素を無視して評価している。

原処分庁は，使用貸借に係る土地についての相続税および贈与税の取扱い（昭和○年11月1日付直資2-189ほか国税庁長官通達。以下，使用貸借通達という）に基づき，本件土地の使用貸借による土地の使用権（以下，本件使用借権という）には経済的価値がないとして更地価額で評価しているが，本件使用借権には，相当な権利と経済的価値が認められるため，本件土地を更地価額で評価することは相続税法第22条に反している。

原処分庁の主張 原処分は，次の理由により適法であるので，審査請求を棄却するとの裁決を求める。

評価通達等は合理性を有しているところ，本件土地は，評価通達等により適正に評価することができる土地であることから，評価通達等により難い「特別の事情」は認められない。

本件土地は，道路より若干低い位置にあるものの，付近の宅地と比較しても何ら遜色がないことから，利用価値が著しく低下しているとは認められない。

使用借権は，当事者間の好意，信頼関係等にその基礎を持ち，借地権のように法律上の手厚い保護を与えられていないため，客観的な交換価値を有するものとみることが困難であることから，本件土地を使用貸借通達に基づき更地として評価することは相当である。

審判所の判断 本件土地の価額については，請求人は請求人鑑定評価額によるべきであると主張し，他方，原処分庁は原処分庁評価額によるべきであると主張するので，以下検討する。

請求人鑑定は，請求人鑑定評価額の決定に当たり，鑑定評価額算定の概要の「1㎡当たりの更地価格」の「算定根拠等」欄のとおり規準価格は算定しているものの比準価格のみを採用している。

不動産鑑定評価基準総論第8の八《鑑定評価額の決定》は，地価公示法第2条《標準地の価格の判定等》第1項の都市計画区域内において土地の正常価格を求めるときは，公示価格を規準としなければならない旨を定めている。公示価格とは，地価公示法第2条の規定に基づき，土地鑑定委員会が毎年1回，都市計画区域内の標準地について，2人以上の不動産鑑定士および不動産鑑定士補の鑑定評価を求め，その結果を審査し，必要な調整を行って判定された正常価格であることから，同法第8条《不動産鑑定士の土地についての鑑定評価の準則》は，都市計画区域内の土地について正常価格を求めるときは公示価格を規準としなければならない旨，そして，同法第11条《公示価格を規準とすることの意義》において，規準することとは評価対象地と標準地の位置，地積等の土地の客観的価値に作用する諸要因との比較を行い，当該標準地の公示価格と評価対象地の価格との間に均衡を保たせることをいう旨を規定している。

そうすると，請求人鑑定は，鑑定評価額算定の概要の「1㎡当たりの更地価格」の「算定根拠等」欄のとおり規準価格を採用せずに比準価格のみを採用しているが，公示価格には一般に合理性があり，都市計画区域内の土地の正常価格を求めるときは公示価格との均衡を保たせなければならないところ，請求人鑑定は規準価格との均衡を図っているとは言い難く，相当とは認められない。

請求人鑑定は，試算価格である比準価格，土地残余法による収益価格および規準価格の算定に当たり，鑑定評価額算定の概要のとおり個別格差補正として合計

32% の減価をしている。この個別格差補正の内訳は，道路との高低差に伴う造成工事による減価 22%，本件使用借権の付着による減価 10% である。

請求人鑑定は，道路から約 70cm 低くなっていることから，造成工事費に基づく減価率を算定しているが，現に請求人の居宅の敷地として利用していること，および周囲の宅地の状況と比べても利用価値が著しく低下しているとは認められないことからすれば，現状において新たな造成工事の必要性はないと解される。

したがって，請求人鑑定の道路との高低差に伴う造成工事による減価には合理性は認められない。

使用借権は，賃貸借契約に基づく権利に比し権利性が極めて低い上，親族間の情誼や信頼関係に基づく土地の無償使用関係であり，これに独立した経済的価値を認めることはできず，また，土地の時価に影響を与えるものということもできないと解されている。

請求人は本件土地を被相続人との親族間の情誼等に基づき無償で使用していることから，本件使用借権に経済的価値を認めることはできないため，本件使用借権が付着していることによる減価には合理性は認められない。

上記のとおり，請求人鑑定評価額が相続税法第 22 条に規定する時価であるとする請求人の主張には理由がない。

原処分庁は，「原処分庁における評価通達等に基づく評価額算定の概要」のとおり評価通達等に基づき 1,849 万 7,520 円と算定している。

本件土地の評価額は，本件土地について評価通達等により難い「特別の事情」は認められず，評価通達等に定める評価方法は上記のとおり合理的と解されていることからすれば，原処分庁評価額は相当である。

コメント 不動産鑑定評価基準によれば，更地の鑑定評価額は，更地ならびに自用の建物およびその敷地の取引事例に基づく比準価格および土地残余法に基づく収益価格を関連づけて決定する旨が定められているが，請求人鑑定評価額は，更地価格を求めるにあたり公示価格を規準した価格を採用せず比準価格のみを採用している。その点について審判所は，公示価格には一般に合理性があって，土地の正常価格を求める際には公示価格との均衡を保たせる必要があるにもかかわらず，請求人鑑定評価額は規準価格との均衡を図っているとは言い難く相当ではないと判断した。また，審判所は，請求人鑑定の個別格差補正において，①道路との高低差に伴う造成工事による減価，②使用借権の付着による減価を行っているが，これらの減価には合理性は認められないとして，請求人鑑定評価額が相続税法第 22 条に規定する時価であるとの請求人の主張には理由がないとした。

したがって，本件土地について評価通達等により難い「特別の事情」はないので，本件土地の評価額は評価通達等に基づき評価するのが相当であるとした。

【23】本件鑑定評価額は，比準価格，収益価格ならびに開発法による価格の算定において，合理性に疑義があるとした事例

（東（裁）平25第98号・平成26年3月26日）

本件土地の概要 本件土地（地積832㎡）はほぼ三方路に接面する土地で，用途地域は第一種住居地域，建ぺい率60%，容積率300%の地域に存している。本件土地は，その全部が月ぎめ駐車場として賃貸されている。また，本件土地を中心とするその周辺の地域（以下，本件周辺地域という）は，一般住宅の中に共同住宅等が散見される住宅地域である。

請求人の主張 本件鑑定評価書は，以下のとおり，合理的なものであり，本件鑑定評価書による本件鑑定評価額は，本件相続開始日における本件土地の客観的な交換価値を示すものであるところ，評価通達の定めにより評価した本件土地の価額は本件鑑定評価額を上回ることから，本件土地の価額の評価について，評価通達の定めによらないことが正当と認められるような「特別の事情」がある。

したがって，本件相続開始日における本件土地の価額は本件鑑定評価額によるべきである。

原処分庁の主張 本件鑑定評価書は，以下のとおり，合理性を欠くものであり，本件鑑定評価書による本件鑑定評価額は，本件相続開始日における本件土地の客観的な交換価値を示すものではないから，本件土地の価額の評価について，評価通達の定めによらないことが正当と認められるような「特別の事情」はない。

したがって，本件相続開始日における本件土地の価額は，評価通達の定めにより評価した原処分庁の主張額によるべきである。

審判所の判断 本件鑑定評価書の合理性等について検討すれば，取引事例1は，平成○年に建築された共同住宅およびその敷地の事例であり，貸家およびその敷地の取引事例であるところ，このような取引事例は，更地の鑑定評価において選択する事例として不動産鑑定評価基準に示されていない事例であるから，取引事例としての規範性に疑義がある。

担当審判官が，不動産鑑定士に対し，取引事例1の取引価格を土地の価格と建

物の価格とに配分した根拠について質問したところ，不動産鑑定士は，配分法の計算過程は基本的には取引事例カードによっているなどと回答するにとどまり，土地および建物の価格の配分根拠等を示す具体的な資料を提出しないため，取引事例１の取引価格から対象不動産と同類型の不動産以外の部分の価格が判明しているのか否かすら不明であり，配分法を適用して求めた土地の取引事例の適切さについて疑義がある。

本件鑑定評価書は，標準画地を地積 350㎡の土地とし，本件土地の比準価格を算定する際の個別的要因として，本件土地が標準画地に比較して規模が大きく市場性が劣る（△ 20）ことを挙げている。

しかしながら，本件土地は三つの道路に接面した土地であり，その地積（832㎡）は，標準画地の地積（350㎡）の 2.4 倍程度であるから，①本件土地を二もしくは三の整形の土地に分割し，戸建住宅や共同住宅等の敷地として利用すること，または，②全体を共同住宅等の敷地として一体で利用することのいずれも可能である。

このことからすれば，本件鑑定評価書の本件土地に係る個別格差率の査定（規模が大きいことによる個別格差率（△ 20））が合理的なものであるとは認められない。

本件鑑定評価書は，鑑定評価の条件として本件土地を更地として鑑定評価することとし，収益価格の算定に当たっては，土地残余法を適用しているところ，不動産鑑定評価基準は，対象不動産が更地であるものとして，当該土地に最有効使用の賃貸用建物等の建築を想定する場合には，対象不動産に最有効使用の賃貸用建物等の建設を想定し，当該複合不動産が生み出すであろう総収益を適切に求めるものとするとしている。

しかるに，本件鑑定評価書は，本件土地の最有効使用を一般住宅または共同住宅の敷地とし，収益還元法による収益価格の算定に当たり，建築面積 370㎡（本件土地の地積（832㎡）の約 40%）の建物を想定し，当該想定建物の想定賃料のみで総収益を算定している。

しかしながら，三つの道路に接面する整形の角地という本件土地の画地条件からすれば，想定建物を建築する部分以外の空地（462㎡）に駐車場等を設置することが可能であるにもかかわらず，本件鑑定評価書は，総収益の算定において，その他の収入を０円としており，駐車場使用料等を別途加算していないから，総収益が過小となっている可能性を否定することができず，収益価格の算定の合理性に疑義がある。

本件鑑定評価書は，開発法による価格を算定しており，本件土地を 6 区画（一区画の平均面積 115㎡）に宅地割りする戸建住宅の分譲を想定した上で，事業収支計画の分譲想定標準画地の 1㎡当たりの販売単価を 26 万 5,000 円と査定して，販売総額を求めている。

しかしながら，本件土地から直線距離で約 100 m の位置に，本件土地と都市計画法上の用途地域等が同じ（第一種住居地域，建ぺい率 60%，容積率 300%）で，周辺の土地の利用現況の特徴が類似している（小規模一般住宅，アパート等が混在する住宅地域）基準地「○－○」があり，当該基準地の 1㎡当たりの価額は 33 万 8,000 円（平成○年 7 月 1 日現在）である。

このことからすると，本件鑑定評価書において査定されている販売単価（1㎡当たり 26 万 5,000 円）は，著しく低額に査定されているものと認められ，そうすると，販売総収入が過小となっている可能性を否定することはできないから，開発法による価格の算定の合理性には疑義がある。

規準とする公示地等について，本件鑑定評価書が規準価格の算定に当たり選択した公示地「○－○」は，本件土地とは公法上の規制が異なり（公示地「○－○」の都市計画法上の用途地域は準工業地域，建ぺい率 60%，容積率 200% である），周辺の土地の利用現況は一般住宅と小工場，作業所等が混在する地域である。

したがって，本件鑑定評価書は，規準価格を算定する場合の公示地等の選択において適切さを欠いている。

本件鑑定評価書は，本件周辺地域と公示地「○－○」の所在する地域との地域格差率を 100/98 と査定し，そのうち，環境条件（住環境等）については同等（± 0）としている。

しかしながら，本件周辺地域は，一般住宅の中に共同住宅等が散見される住宅地域であるのに対して，公示地「○－○」の所在する地域は，一般住宅と小工場，作業所等が混在する地域であり，居住の快適性の観点においては，本件周辺地域の方が優ると認められ，公示地「○－○」の所在する地域が本件周辺地域と住環境等で同等（± 0）とする客観的事情を見出すことはできない。

したがって，本件鑑定評価書において当該住環境等要因の格差に基づき算定された規準価格には合理性は認められない。

本件鑑定評価書は，規準価格を算定する際の個別的要因として，本件土地が公示地「○－○」に比較して規模が大きく市場性が劣る（△20）ことを挙げている。

しかしながら，本件土地は三つの道路に接面した土地であり，その地積（832㎡）は，当該公示地の地積（521㎡）の1.6倍程度であるから，①本件土地を二つの整形の土地に分割し，戸建住宅や共同住宅等の敷地として利用すること，または，②全体を共同住宅等の敷地として一体で利用することのいずれも可能である。

このことからすれば，本件鑑定評価書の本件土地に係る個別格差率の査定（規模が大きいことによる個別格差率（△20））が合理的なものであるとは認められない。

上記のとおり，本件鑑定評価書は，①取引事例比較法による比準価格の算定において，取引事例の選択が適切とは認められず，配分法の適用について疑義があり，個別格差率も合理的であるとは認められないこと，②収益還元法による収益価格が過小となっている可能性が否定できず，収益価格算定の合理性に疑義があること，③開発法による価格の算定の合理性に疑義があること，および④規準価格の算定に当たり，規準とする公示地等の選択に適切さを欠き，補正も適切に行われているとは認められず，規準価格に合理性が認められないことからすると，本件鑑定評価額は，本件土地の本件相続開始日における時価を適切に示しているものとは認められない。

以上のとおりであるから，請求人の主張にはいずれも理由がない。

したがって，本件土地の価額は，評価通達の定めにより評価した価額によることが相当である。

コメント　請求人は，評価通達の定めにより評価した本件土地の価額は本体鑑定評価額を上回るので，本件相続開始日における本件土地の価額は評価通達の定めによらないことが正当と認められるような「特別の事情」があるとして，本件鑑定評価額によるべきだと主張した。

しかしながら，審判所は，本体鑑定評価額について，①取事例比較法による比準価格算定において取引事例としての規範性に疑義があること，②配分法の適用に疑義があること，ならびに③個別格差率の査定が合理的とは認められないこと，④収益還元法による収益価格の算定において総収益が過小となっている可能性を否定することができず，収益価格の算定の合理性に疑義があること，⑤開発法による価格の算定において販売総収入が過小となっている可能性があるため，開発法による価格の算定の合理性に疑義があること，⑥規準価格の算定において，規準とする公示地等の選択に適切さを欠いていること，および⑦規準価格の算定における地域要因の格差に基づき算定された規準価格の補正に適切さを欠き，規準価格には合理性は認められないことがある，と判断した。

したがって，本件鑑定評価額は，本件相続開始日における適正な時価とは認められないとした。

以上の理由により，評価通達の定める評価方法により求めた時価を否定するような「特別の事情」はないので，本件土地の時価は評価通達による評価額であると審判所は判断した。

【24】市街化調整区域に存する本件土地の相続税評価額は，相続税法第22条に規定する時価を上回るか否かが争点となった事例

（関裁（諸）平23第84号・平成24年6月19日）

本件土地の概要 本件土地（地積1,818.89㎡）は，北側幅員6～7mの舗装市道に約44m接面し，西側幅員約2.5mの未舗装市道に約60m接面するやや不整形な現況宅地である。市街化調整区域（建ぺい率70%，容積率200%）に存する。上下水道は整備されているが，都市ガスは未整備である。本件土地が存在する地域は，農地を主体とした農家住宅および農家の分家等の一般住宅が介在する地域である。

請求人は，本件土地の価額について修正申告の課税価格の計算を行った。

本件土地の価額については，不動産鑑定評価書に記載された鑑定評価額3,910万6,000円とした（以下，当該不動産鑑定評価書による鑑定評価を「本件鑑定評価」といい，これにより決定された鑑定評価額を「本件鑑定評価額」という）。

原処分庁は，本件土地の価額について，修正申告に対し，相続税評価額（評価通達の定めにより算定された価額をいう。以下，同じ）によるのが相当であるとして，課税価格に算入すべき本件土地の価額について相続税評価額を算定し，本件更正処分を行った。

請求人の主張 本件鑑定評価額は本件土地の相続税法第22条に規定する時価に当たるから，本件鑑定評価額を上回る相続税評価額は時価を上回っている。

原処分庁の主張 本件土地の評価に当たっては，周辺の宅地の状況と比較しても評価通達に定められた評価方法によらないことが正当として認められるような「特別の事情」があるとは認められない。

よって，本件土地の価額は評価通達の定めにより算定すべきであり，当該相続税評価額が相続税法第22条に規定する時価に当たる。

審判所の判断 本件鑑定評価額については，本件鑑定評価の取引事例比較法において採用された取引事例のうち，取引事例1および2の地積は本件標準画地の地積規模に比べて狭い上，取引事例1については割安取引であ

＜本件鑑定評価における規準価格および比準価格の算定＞

	本件基準地	取引事例 1	取引事例 2	取引事例 3	取引事例 4
位　置	本件土地の北西約 800 m	本件土地の北約 1,450 m	本件土地の北東約 500 m	本件土地の南東約 500 m	本件土地の南東約 600 m
周辺地域の状況	一般住宅と農家住宅が混在し工場も介在する地域	農地の間に一般住宅が散在する地域	農地地域に接して農家住宅と一般住宅が混在する地域	農地，一般住宅，事業所等が混在する地域	農地の間に小規模分譲地が見受けられる地域
地　積		166.32 ㎡	301.83 ㎡	571 ㎡	430 ㎡
時　点	平成○年 7 月 1 日	平成○年 6 月 8 日	平成○年 8 月 11 日	平成○年 4 月 28 日	平成○年 2 月 23 日
①価　格	44,500 円 / ㎡	24,050 円 / ㎡	28,615 円 / ㎡	39,405 円 / ㎡	38,828 円 / ㎡
②事情補正	100/100	100/70.0	100/100	100/100	100/100
③時点修正	99.1/100	96.6/100	97.1/100	92.8/100	95.9/100
④地域格差	100/111.2	100/83.3	100/76.0	100/92.6	100/97.5
⑤標準化補正	100/103.0	100/100	100/97.0	100/96.0	100/99.9
①×②×③×④×⑤	38,500 円 / ㎡	39,800 円 / ㎡	37,700 円 / ㎡	41,100 円 / ㎡	38,200 円 / ㎡
規準価格または比準価格	38,500 円 / ㎡	39,200 円 / ㎡			

るとして，30% の補正を行っているが，その算定根拠が不明である。さらに，取引事例 2 については，当該事例が本件地域内に所在するため，地域要因の格差による補正の必要がないにもかかわらず，「周辺の利用状況」において 18% の補正を行っており，同じ本件地域内に所在する取引事例 3 および 4 の価格に比べて相当の差異が認められる。

そうすると，取引事例比較法による比準価格の算定に当たり，取引事例 1 および 2 を採用することには問題がある。

また，本件鑑定評価は，不整形地であるとして 0.87 の格差率を算定しているが，本件土地を路線価方式により評価する場合に適用される評価通達 20 に定める不整形地補正率が 0.94 であることからしても，本件土地が標準画地に比べ不整形地であることによる格差率は，土地価格比準表で対象地を「やや劣る」として定められた 0.94 とするのが相当である。

以上のとおり，本件鑑定評価は，近隣地域内の標準画地の地積規模および取引事例の採用について問題がある上，個別的要因の格差率の算定に当たり土地価格比準表の定めに準拠していないなど合理性を欠く点が認められることから，本件鑑定評価額は本件土地の相続税法第22条に規定する時価であるとは認められない。

本件土地の価額については，本件鑑定評価には合理性を欠く点が認められ，本件鑑定評価額は，本件土地の相続税法第22条に規定する時価であるとは認められないことから，当審判所において，4件の取引事例から採用に問題のある2事例を除く取引事例3および4の取引価格ならびに本件基準地の基準価格を基に，土地価格比準表に定める個別的要因の格差率を用いて比準価格を4万3,470円，規準価格を4万4,999円と算定し，両価格の平均値4万4,234円を本件標準画地の1㎡当たりの価格とし，当該価格に本件標準画地と本件土地の現況に基づく個別的要因の格差率を乗じるなどして，本件相続開始日における本件土地の価額を算定すると，6,388万1,235円となる。

算定された本件土地の価額6,388万1,235円は，相続税法第22条に規定する時価に当たると認めるのが相当である。

そうすると，本件土地の相続税評価額は，相続税法第22条に規定する時価を上回るとは認められない。そして，本件土地の評価に当たって，ほかに評価通達に定める評価方法により難い「特別の事情」があるとは認められないことから，課税価格に算入すべき本件土地の価額は上記相続税評価額によるべきである。

コメント　審判所は，本件鑑定評価において，①取引事例1は割安だとして30%の補正を行っているが，その算定根拠が不明であること，②取引事例2は本件土地と同じ近隣地域内に存するにもかかわらず，「周辺の利用状況」において18%の補正を行っているが，不要ではないのかと疑問を投げかけている。

30%もの補正をしなければならない取引事例を採用することは，事例としての適正を欠くので出来るだけ採用しないのが望ましいと思う。審査をする側も30%の補正がないかを注目してチェックしているので，取引事例の採用は注意を要する。

取引事例2についても，近隣地域に属する事例なのか否かをチェックすることを怠ってはいけない。

鑑定評価書は説得力が命なので，信頼を高めるような資料や判断はかかせない。

審判所は本件鑑定評価で採用されている取引事例１および２の面積が166.32㎡，301.83㎡と本件土地の面積1,818.89㎡に比べて極めて小さく取引事例としての適正を欠くと指摘している。

取引事例３や４のように571㎡，430㎡ぐらいの面積の取引事例を採用し比準すべきであるというのは正しい判断である。より多くの事例から適正な事例を選択し，鑑定評価の信頼度を高める努力をするべきである。

審判所は，鑑定評価書は，本件土地の個別的要因の格差率が土地価格比準表の定めに準拠せず不整形地としての格差率が大きすぎると指摘している。

このような指摘が重なり，鑑定評価書としての信頼を失うことはとても残念である。より一層研鑽を積み，信頼される鑑定評価書をつくる努力をするべきであると思う。

【25】賃貸マンションの敷地として利用されていた本件土地の鑑定評価額は，収益還元法による試算価格のみを採用し，原価法による試算価格が比較考量されていないので，適切な時価を示しているとはいえないとした事例

（札裁（諸）平24第7号・平成24年12月20日）

本件土地の概要 本件土地（地積2,386.45㎡）は，本件土地の南東側が幅員20m道路に間口44.55mで接面し，かつ北側が幅員8m道路に間口35.02mで接面する二方路で，最大奥行58.98mの不整形地である。

本件土地は，相続開始日において，賃貸マンション（以下，本件建物という）の敷地および本件建物の入居者用の駐車場として使用されていた。

本件土地は，第一種中高層住居専用地域（建ぺい率60㎡，容積率200%）の地域に所在する。鉄骨鉄筋コンクリート造陸屋根10階建ての延べ床面積3,929㎡の本件建物は，昭和○年10月に建築された賃貸戸数56戸の3LDKのファミリー向け共同住宅である。

請求人の主張 本件鑑定評価書の収益違元法に基づく収益価格を本件土地および本件建物に配分する方法について説明すると，①総収益および総費用とも価格時点前後の3年間の実額が計上され適正であり，②還元利回りも本件建物と築年数の類似した取引事例から数値を採用しており適正であり，③収益価格の本件土地および本件建物への配分も積算価格比によってあん分されており適正である。

また，原価法に基づく積算価格の精度は高く合理的であり，収益価格は市場価値を十分反映しているものと判断されるので，収益価格を重視し，積算価格を斟酌すべきものと判断し，算定した本件鑑定評価額は妥当である。

原処分庁の主張 請求人が「特別の事情」があると主張する根拠である本件鑑定評価書には，原価法および収益還元法による各試算価格の算定において適用されている補正，修正等についての合理的説明，具体的根拠が示されていないなど，その内容，結果が妥当性，客観性を有するものであるかどうかの検証が困難である。また，請求人は，本件のような貸家およびその敷地の鑑定評価に当たっては，収益価格を重視すべきであり，公示価格や取引事例等の

検証を要せず，単に収益価格を採用すべきである旨主張する。しかしながら，不動産鑑定評価基準総論第８章第８節によれば，各試算価格の再吟味および各試算価格が有する説得力に係る判断を行うためには，各手法の適用において採用した資料の適否ならびにその特性および限界の検証が必要である旨が定められているが，請求人はこれについて説明しておらず，請求人の主張には理由がない。

審判所の判断　原価法による本件土地の試算価格の算定に当たり，標準的画地の地積を500㎡程度として，原価法の取引事例を抽出していることからすれば，原価法の取引事例Ｃは標準的画地の約４分１の地積であるから，地積過小による補正が必要であったと認められる。

一方，土地価格の算定において取引事例を用いる場合には，評価対象地と参考とする取引事例の土地との間における位置，形状，地積，接面道路，公法規制等の諸条件および取引時点の相違に係る補正や修正の幅を狭め，恣意的要素を排除するために，評価対象地に諸条件が合致し，取引時点が接近し，かつ，個別的事情が価格決定に寄与した度合いの小さい取引事例とする考え方もあることからすれば，○○に接面し，本件土地の属する準住居地域に所在する本件土地と同じく1,000㎡以上の規模の地積を有する本件取引事例について，その存在を把握していたにもかかわらずこれを採用せず，原価法の取引事例だけを採用したことは，にわかに首肯できない。

本件建物は，3LDKのファミリー向けの住宅用賃貸物件であるところ，還元利回りの取引事例Ｄは，事務所の賃貸物件であること，また，その他の還元利回りの取引事例については，いずれも独身・単身者向けの住宅用の賃貸物件であることなどから，本件建物との類似性は低く，還元利回りの取引事例のみをもって直ちに本件土地の収益還元法による試算価格（収益価格）を算定するための取引事例と認めることはできない。

不動産鑑定評価基準の各論第１章第２節Ⅱでは，「貸家およびその敷地の鑑定評価額は，収益価格を標準とし，積算価格および比準価格を比較考量して決定するものとする」旨定められているところ，本件鑑定評価書における鑑定評価方式の適用においても，「本件評価に当たっては，原価法，収益還元法を採用して鑑定評価額を決定する」とした上で，取引事例比較法の考え方を取り入れて原価法および収益還元法の各試算価格が算定されたことが認められる。

しかしながら，試算価格の調整と鑑定評価額の決定においては，原価法による試算価格について,「比準価格の試算過程における土地の価格決定手続きは適切と判断され,精度は高く合理的で説得力がある」,また,「取得に際しての比較検証において先ず指標とされる価格と言える」と評価しているにもかかわらず,最終的には,収益還元法による試算価格のみを採用し,原価法による試算価格が比較考量されているとは認められない。

この点について,本件鑑定評価書には,原価法による試算価格について,「更地価格の場合には十分斟酌すべき価格であるが,複合不動産の場合,市場価値と乖離する例も見受けられる」旨の記載があるに留まり,比較考量しなかったことについての説明もされていないことから,本件鑑定評価額の決定方法に合理性があると認めることはできない。

そして,上記の検討結果も併せみると,本件鑑定評価額は,本件土地の時価を適切に示しているとは認められない。

コメント 審判所は,請求人本件鑑定評価額について原価法による本件土地の試算価格の算定において原価法の取引事例Cは,標準的画地の地積500㎡の約4分の1の地積(112.73㎡)と小さく,地積過少による補正が必要であったにもかかわらず補正はない。また,本件土地の属する準住居地域に本件土地とほぼ同規模(1,000㎡以上)の取引事例が存するにもかかわらず採用していない。また,原価法の取引事例Aは,買い進みとして30%の減価をしているのにもかかわらず,その説明がない。

さらに,本件土地について「規模」(地積過大)として10%の減価補正をしているが,本件十地は,本件鑑定書には最有効使用は共同住宅用地で,本件建物は敷地と適応し,環境とも適合している,と記載しているにもかかわらず,その整合性はとれていない,と審判所は指摘している。

また,審判所は,請求人の鑑定評価額において収益還元法による試算価格(収益価格)を求めるにあたり,本件建物は3LDKのファミリー向け住宅用賃貸物件であるが,還元利回りの取引事例Dは事務所用の賃貸物件であること,また,その他の還元利回りの取引事例はいずれも独身・単身者向けの住宅用賃貸物件であることから,本件建物との類似性は低く,本件土地の収益還元法による試算価格（収益価格）を算定するための取引事例としては不適切であると審判所は述べている。

審判所は，本件鑑定評価額の決定方法について収益還元法による試算価格のみを採用し，原価法による試算価格は比較考量されておらず，また，比較考量しなかったことについての説明もされていないので，本件鑑定評価額の決定方法に合理性があるとは認められない，と述べている。

以上から，本件鑑定評価額は，本件土地の時価を適切に示しているとは認められないと審判所は判断した。したがって，本件土地の評価について評価通達によらないことが正当と認められる「特別の事情」があるとは認められないと審判所は判断した。

【26】本件土地は土地区画整理事業地内に存するため，本件鑑定評価は事業施行期間終期まで使用収益できないとの誤った判断で本件土地の時価を算定しているので，現況を反映した価額ではないとした事例

（関裁(諸)平20第50号・平成21年4月20日）

本件土地の概要　本件土地の地積は326.67㎡である。土地区画整理法第98条第1項の規定によって仮換地（地積226.31㎡。以下，本件仮換地という）が指定されている。

本件土地は，本件相続開始日において，土地区画整理法第99条に規定する使用収益は停止されておらず，また，本件仮換地も造成工事は未着手で使用収益はできない状況である。

その後，請求人は，本件土地の価額は，不動産鑑定士が鑑定評価（以下，本件鑑定評価という）した価額857万8,000円（以下，本件鑑定評価額という）であるとして，平成○年7月24日に，本件相続に係る相続税の更正の請求（以下，本件更正の請求という）をした。

請求人の主張　相続税法第22条は，相続により取得した財産の価額は，「特別の定め」のあるものを除き，当該財産の取得の時における時価による旨規定しているところ，課税実務上の評価通達は，「特別の定め」とはいえないから，評価通達により算定した額は時価として相当ではなく，不動産鑑定士が鑑定した本件鑑定評価額が相続税法第22条に規定する本件土地の時価としては相当である。

そうすると，本件申告額は本件鑑定評価額を上回ることから，相続税法第22条に規定する時価を上回っている。

原処分庁の主張　本件は，評価通達により難い「特別の事情」があるとは認められず，また本件申告額は原処分庁が評価通達に基づき算定した価額を下回っていることからすれば，相続税法第22条に規定する時価を上回ってはいない。

審判所の判断　請求人は，本件鑑定評価額が本件土地の時価である旨主張するが，次のとおり本件鑑定評価には，合理性を欠く点が認められ

ることから，本件鑑定評価額は，本件相続開始日における本件土地の相続税法第22条に規定する時価とは認められない。

本件土地を建物の存しない更地として仮換地の造成工事着手前の状態で価格を求め，本件区画整理事業に係る施行期間の終期は平成○年3月31日であり，同日まで使用収益できないとして，割引率6％の割引期間24年における複利現価率で当該更地価格から約75％の減価を行って本件鑑定評価額を求めている。

しかしながら，本件土地は，仮換地の指定を受けているものの，本件土地の使用収益は停止されておらず，現に請求人の居住の用に供されている家屋の敷地として使用されているから，本件鑑定評価は，本件土地の本件相続開始日における現況を反映していない。

本件鑑定評価は，本件区画整理事業に係る施行期間の終期を平成○年3月31日としているが，事業施行者は，施行期間を平成○年3月31日までとする旨公告しており，施行期間を延長することも予定されていないことから，施行期間の終期を平成○年3月31日までとする具体的な根拠はない。

本件土地の価額については，審判所において，本件基準地の価格を本件相続開始日に時点修正した額を基に，本件基準地と本件土地の交通・接近条件，街路条件，環境条件，行政的条件を比較し，当審判所において相当と認める土地価格比準表によって，本件土地の画地条件等の個別要因がすべて標準的であるとした場合の本件土地の価額を算定すると，1㎡当たり15万5,090円となる。

そこで，本件土地の評価における個別要因に関して検討すると次のとおりである。

まず，本件基準地は，本件区画整理事業の進ちょく状況からみて，使用収益することに何らかの制限があると認められる土地であり，また，事例1および事例2に係る土地も，取引時点においては，同様の状態の土地であったことに加え，本件路線価は，土地区画整理事業地内における建築制限等がしんしゃくされている価額であると認められる。

したがって，本件土地に係る個別要因の補正に当たり，土担区画整理事業地内における建築制限等の使用収益に係るしんしゃくを重ねて行う必要はない。

また，本件土地は，本件通路を介して公道に接してはいるものの，本件通路なくしては公道に出ることができず，本件通路は，接道義務を満たしていない。そうすると，本件相続における本件土地および本件隣接地に係る分割方法は，評価通達7-2(1)注書きの「その分割が著しく不合理であると認められるとき」に該当すると認められることから，本件土地と本件隣接地は「一画地の宅地」として評価すべきである。

そこで，上記を踏まえ，審判所において，上記のとおり個別要因を補正する前の本件土地1㎡当たりの価額として時価を上回ることとはならないと認められる本件路線価を基に，評価通達の定めに基づき算定した本件土地の相続税評価額は本件申告額を下回る。

以上のとおり，本件申告額が本件土地の時価を上回る事実は認められず，また，本件申告額は相続税評価額を下回ることから，本件更正の請求に対し更正をすべき理由がないとしてなされた原処分は適法である。

また，原処分のその他の部分については，請求人は争わず，当審判所に提出された証拠資料等によっても，これを不相当とする理由は認められない。

コメント

請求人は，相続により取得した土地の時価は不動産鑑定士の鑑定評価額によるべきであると主張し，本件土地は本件区画整理事業施行期間の終期まで使用収益できないと判断して更地価格を算定している。しかし，本件土地の使用収益は停止されていないので，本件鑑定評価額は現況を反映していないという審判所の指摘を受けた。

本件土地は，本件相続において，本件土地と本件隣接地との分割方法は評価通達7-2(1)注書きの不合理分割に該当するので，本件土地と本件隣接地は一画地の宅地として評価すべきであるという審判所の指摘を受けた。

評価通達をよく理解し，実践に応用できなければ，大きな間違いを起こす可能性があるので注意すべきである。

【27】取引事例比較法による比準価格ならびに開発法により求めた価格は，合理性がなく，評価通達による評価額が相当であるとした事例

（東裁(諸)平29第23号・平成29年8月22日）

本件土地の概要 本件土地（地積2,033.90㎡）の北側部分は隣接する住居用駐車場として貸し付けられているほぼ平坦な土地であり，残余の部分は南側に向かって高くなった自用の山林である。

本件土地の用途地域は，第二種中高層住居専用地域（建ぺい率60%，容積率200%）である。また，本件土地の周辺一帯は，中層の共同住宅が建ち並び，一部に戸建て住宅が見られる住宅地域である。請求人が不動産鑑定士に依頼した本件土地鑑定評価額は9,750万円である。原処分庁は，本件土地の価額について，評価通達24-4の定めを適用して1億3,682万2,842円と評価した。

請求人の主張 本件鑑定評価書は合理性を有しており，本件鑑定評価額は本件土地の客観的な交換価値を表すものと認められるから，本件土地の評価額は本件鑑定評価額によるべきである。したがって，本件鑑定評価額を上回る本件通達評価額には時価を上回る違法がある。

原処分庁の主張 本件鑑定評価書は不合理な点が認められ，本件鑑定評価額が本件土地の客観的な交換価値を表すものとは認められないから，本件土地の評価額は評価通達の定めにより評価した本件通達評価額によるべきである。したがって，本件通達評価額には時価を上回る違法はない。

審判所の判断 取引事例比較法により求められた比準価格の合理性について不動産鑑定士が本件土地に適用した地積大補正率（△50）は，本件各取引事例に適用した地積大補正率（△13および△18）との比較において，過大な補正であるといわざるを得ず，その算定に合理性は認められない。

したがって，本件土地の個別的要因の補正に当たり適用した地積大補正率には合理性が認められないことから，他の補正率の適否等を判断するまでもなく，取引事例比較法により求めた本件土地の比準価格については合理性が認められない。

開発法により求めた価額の合理性について本件土地は，不動産鑑定士の本件土地開発想定図において，区画道路の幅員は6ｍになるとしても，区画Ｇおよび

区画Ｌに前面道路を設けることの合理性はなく，開発想定図のとおり開発を想定すれば，不動産鑑定士が想定した分譲総面積1,280.85㎡よりも広い分譲総面積1,344.47㎡を想定することができ，総売上高の増加と造成工事費の減少が見込まれる。

したがって，不動産鑑定士の本件土地開発想定図よりも，当審判所の開発想定図の方が経済的合理性に優れていると認められる。

よって，不動産鑑定士の開発想定よりも，より経済的合理性に優れる開発想定ができる以上，不動産鑑定士の本件土地に係る開発想定が適正に行われたとは認められない。

以上のとおり，不動産鑑定士による開発想定が適正に行われたとは認められないこと，造成工事費相当額の算定根拠が明らかでないとともに，その一部に二重計上された項目があること，および土地代金等の不動産取得税の算定に誤りがあることのほか，区画道路の設置に係る造成工事費の減少も見込まれることなどを総合勘案すると，本件土地の開発法により求めた価格については合理性が認められない。

本件鑑定評価書は，鑑定評価の手法として取引事例比較法および開発法を適用しているところ，取引事例比較法により求められた比準価格に合理性が認められず，また，開発法により求められた価格にも合理性が認められないことから，それぞれの価格を調整した結果である本件鑑定評価額は，本件土地の客観的な交換価値（時価）を表すものとは認められない。

したがって，本件鑑定評価書が，本件各通達評価額が時価を適切に反映したものであるとの事実上の推認を覆すだけの合理性を有していない以上，本件各通達評価額には時価を上回る違法は認められない。

以上のとおり，本件通達評価額には時価を上回る違法は認められないから，本件土地について本件相続税の課税価格に算入すべき価額は，評価通達の定めにより評価した価額となる。そして，本件土地の評価額は，当審判所においても，原処分庁が認定した本件通達評価額と同額となることから，これに基づき算出した請求人の本件相続税の課税価格および納付すべき税額は，「更正処分等」欄記載のとおりとなり，これは本件更正処分における請求人の本件相続税の課税価格および納付すべき税額と同額であると認められる。したがって，本件各更正処分は適法である。

コメント 請求人は，本件土地について評価通達により評価した価額は本鑑定評価額を上回っているので，本件土地は評価通達の定めにより難い「特別の事情」がある。したがって，相続により取得した本体土地の価額は本鑑定評価額によるべきだと主張した。

しかしながら，審判所は，本鑑定評価額について，①取引事例比較法の手法において採用した取引事例の標準化補正や地積大による個別的要因補正等が過大でその算定に合理性は認められないこと，②開発法による手法において開発想定が適正に行われたとは認められないこと，③造成費の算定根拠が明らかでないとともに，その一部に二重計上の項目があったりして，本体土地の開発法により求めた価格は合理性が認められないとした。

したがって，本件鑑定評価額は，相続開始日における適正な時価とは認められない。

以上の理由により，評価通達の定める評価方法により求めた時価を否定するような「特別の事情」はないので，本件土地の時価は評価通達による評価額であると，審判所は判断した。

【28】市街化調整区域内の本件土地は，相続税評価額が相続開始時における時価を上回っている「特別の事情」があるか否かが争われた事例

（東裁（諸）平19第85号・平成19年12月14日）

本件土地の概要

本件土地（地積1,208.21㎡）の登記上の地目は，被相続人の所有権保存登記がされた昭和○年8月31日から本件相続開始日まで宅地である。本件土地は，幅員約31mの○○（以下，本件県道という）に接面した宅地で，市街化調整区域に所在し，本件相続開始日において被相続人の居住の用に供されていた。

請求人は，本件申告および本件修正申告において，本件土地の価額を○○の鑑定評価に基づき，○○が作成した平成○年11月19日付の不動産鑑定評価書（以下，本件1次鑑定書という）による鑑定評価額5,023万7,000円（以下，本件1次鑑定評価額という）とした。

本件1次鑑定評価書の要旨は，本件土地は市街化調整区域に存しており，分譲業者等が建物を建築する場合には，都市計画法第29条に規定する開発許可が必要となるが，その許可を得る資料も具体性も存せず，安易に開発分譲建築等が可能な土地としての評価ができないため，菜園，資材置場等の市街化調整区域の一般的な用途を考慮して評価する。上記の評価条件から，本件土地の最有効使用は，資材置場，菜園等と判定した。

請求人の主張

原処分は，次の理由により違法であるから，その全部を取り消すべきである。

本件土地における相続税法第22条に規定する時価は，本体1次鑑定評価額5,023万7,000円であり，原処分庁が算定した本件土地に係る評価通達等に基づき評価した価額7,649万4,426円（以下，原処分庁評価額という）は著しく時価を上回った妥当性に欠けるものである。

したがって，本件土地は，評価通達等に基づき評価した価額（以下，相続税評価額という）が時価を上回っている「特別の事情」があるから，相続税の課税価格に算入すべき本件土地の価額は，相続税評価額によらず本件1次鑑定評価額によるべきである。

本件土地の価額は，本件1次鑑定評価額によるべきであるが，仮に開発行為が可能であるとした場合の本件土地の時価は，平成○年10月16日付の不動産鑑定評価書（以下，本件2次鑑定書という）による鑑定評価額6,099万2,000円（以下，本件2次鑑定評価額という）であり，原処分庁評価額は本件2次鑑定評価額と比しても著しく時価を上回った妥当性に欠けるものである。

原処分庁の主張 原処分は次の理由により適法であるから，審査請求を棄却するとの裁決を求める。

本件土地における開発行為は可能であり，また，近隣地域および同一需給圏内の用途的に類似すると認められる取引事例において開発許可を受けている土地が存在することから，本件土地の最有効使用の判定に当たっては，開発行為が可能な宅地を前提とすべきである。

したがって，本件1次鑑定書は，誤った前提条件に基づいていることから，本件1次鑑定評価額は，本件相続開始日における本件土地の適正な時価を反映しているとは認められない。

原処分庁評価額は7,649万4,426円であるところ，本件土地の時価は，本件土地の類似地域に存し，本件土地と類似すると想定される4件の取引事例の価格に係る基準地の標準価格を基に算定した1㎡当たり9万5,700円，総額1億1,562万5,697円と認められる。

したがって，本件土地の相続税評価額は，本件相続開始日における本件土地の時価を上回っていないから，本件土地について，相続税評価額によらないことが是認されるような「特別の事情」があるとは認められない。

審判所の判断 請求人提出資料，原処分関係資料および当審判所の調査の結果によれば，次の事実が認められる。

本件土地の所在する地域が市街化調整区域に指定されたのは○○である。

○○の職員は，当審判所に対して，要旨次のとおり答述した。

・○○は，市街化調整区域内にある土地の開発行為については，都市計画法第34条第10号ロに規定する開発審査会の提案基準（審査会提案基準）を定め，当該基準に基づき許可している。

・本件土地において都市計画法に規定する開発行為を行う場合は，同法第29条に規定する○○の許可が必要である。

・本件県道は，○○に定める騒音，振動に係る補正を行う幹線道路に該当する。

市街化調整区域では，宅地，畑および資材置場等が混在することから，固定資産税の路線価に，幹線道路の騒音，振動に係る補正率を反映させることはできないため，宅地の評価額の算定の際に補正を行っている。したがって，本件固定資産税路線価には，本件県道の騒音，振動に係る減価は反映されていない。

本件土地の相続税評価額において，開発行為の可否について検討すると，本件土地の登記地目は，本件土地の所在する地域が市街化調整区域に指定された○○は以前から宅地であり，本件相続開始日においても登記地目が宅地であることから，審査会提案基準第○号の適用対象に該当し，上記○○の職員の答述内容からすると，同基準の立地基準にも該当すると認められる。

そうすると，上記の答述内容のとおり，本件土地の開発行為に係る開発計画が，審査会提案基準第○号の施設基準および敷地規模基準を満たすものであれば，本件土地に係る開発行為は許可されるものと認められる。

相続税評価額の算定について，原処分庁は，本件土地の相続税評価額を時点修正した本件固定資産税路線価に評価倍率を乗じた後に広大地補正率を適用し，7,649万4,426円と算定している。

本件土地は，戸建分譲を目的とした開発行為が可能であると認められるが，その場合，本件計画図にも記載のとおり敷地内に公共公益的施設用地となる道路（開発道路）の設置が必要と認められることから，評価通達24-4に定める広大地に該当すると認められる。

ところで，課税実務上，騒音，日照阻害，臭気等により，その取引金額に影響を受けると認められる宅地のように，その利用価値が，付近にある他の宅地の利用状況から見て著しく低下していると認められる宅地の価額は，その宅地について利用価値が低下していないものとして評価した場合の価額から，利用価値が低下していると認められる部分の面積に対応する価額に10%を乗じて計算した金額を控除した価額によって評価して差し支えない旨取り扱われており，この取扱いは，上記のような状況にある宅地とそうでない宅地を比較して，そのような状況にある宅地の価値に減価が生じることを考慮する趣旨からして相当と認められる。そうすると，本件県道は，上記の定めおよび答述内容からすれば，騒音，振動が認められる幹線道路に該当すると認められることから，これに接面する本件土地の相続税評価額の算定に当たっては，上記の著しく利用価値の低下が認められる場合の取扱いの例による減価をするのが相当である。

そして，本件固定資産税路線価は，騒音，振動に係る減価を考慮していないことから，本件固定資産税路線価を基礎とした上で利用価値の低下した宅地として本件土地の相続税評価額を算定すると，6,884万4,983円となる。

本件1次鑑定評価額について検討すると，都市計画法第29条第1項は，市街化調整区域において開発行為を行う場合には，あらかじめ都道府県知事の許可を受けなければならない旨規定し，本件土地に係る開発行為は許可されるものと見込まれるが，本件1次鑑定書は，本件土地に係る同項の開発許可が得られないことを前提として鑑定評価額を算定したものであって適切なものとはいえないから，本件相続開始日において相続税評価額がその財産の時価を上回っているような「特別の事情」を示しているものとは認められない。

本件2次鑑定評価額について検討すると，標準画地については，本件2次鑑定書では，本件土地が大規模画地であることから，地積約200㎡と設定した標準画地の更地価格に本件土地の個別性を加味して本件土地の価格を算定しているが，この標準画地の設定上，比準価格算定のために採用した取引事例は，本件土地と個別性（画地規模）の格差が大きく相異することとなっている。

この個別性の格差率については，不動産鑑定士の判断により査定されることから，格差の少ない方がより客観的な評価になると考えられるところ，本件土地の近隣には，本件土地と同様，その有効活用において開発行為が想定される画地規模の大きな取引事例が存在し，この取引事例の価格との比較検証により，個別性の格差率を抑えたより客観的な本件土地の評価が行われるものと思料される。

しかしながら，本件2次鑑定書では，このような検証はされていない。

価格逓減率（車騒音）については，本件土地は，本件県道の騒音，振動が考慮されるべき土地であると認められる。

この騒音等に係る格差について，不動産鑑定評価基準の理論を基礎とする合理的な比準方法を示すものと解される土地価格比準表では，住宅地域の地域要因において，「騒音・大気汚染等の公害発生の程度」として基準地の属する地域と比較して「小さい」は「+5」，「大きい」は「−5」とされ，最大格差が「10」とされている。

これに対して，本件2次鑑定書では，価格逓減率の算定に当たり，車騒音として30%の減価を行っているが，この減価割合は，上記の土地価格比準表での格差との比較において著しく大きく，その根拠は，上記の答述内容からすれば，専ら不動産鑑定士の経験的判断に依拠したものであり，実証性および客観性に欠ける。

開発法による価格については，また，本件２次鑑定書では，開発法による価格算定の想定要素を別表（略）における算定額等に依拠しているところ，その算定額には適正と認められないものがあることから，これに基づく開発法による価格も適正な価格とは認められない。

以上のとおり，本件２次鑑定評価額は，その算定の過程に不合理な点が認められ，本件相続開始日において相続税評価額がその財産の時価を上回っているような「特別の事情」を示しているものとは認められない。

上記のとおり，本件１次鑑定評価額および本件２次鑑定評価額をもって，本件土地について，相続税評価額が相続開始時における時価を上回っている「特別の事情」があると判断することはできない。

当審判所算定の時価は，土地の時価（客観的な交換価値）の認定については，不動産鑑定士による鑑定評価等によるほか，評価対象地の取引に関して時間的，場所的，物件的および用途的同一性等の点で可及的に類似する物件の取引事例に依拠し，それを比準して算定する方法である取引事例比較法があり，この取引事例比較法には合理性があり，また相当な方法であると解されている。

上記に基づき，当審判所において，本件土地の近隣で，本件土地の存する地域と状況が類似する地域に存し，地積，形状等の画地条件の格差が最小限となるような取引事例を調査したところ，取引事例ＭおよびＮが認められた。

これらの取引事例の価格時点，地積，交通接近条件，街路条件，環境条件，形状等の個別的要因および行政的条件等は，別表（略）のとおりであり，これらの取引事例には，譲渡人と譲受人との間に縁故関係がある等の特殊事情も認められない。

そこで，各取引事例の１㎡当たりの取引価格を基に，当審判所も相当と認める土地価格比準表に準じて，時点修正等の補正を行って本件相続開始日における本件土地の時価を算定したところ，１億3,176万1,341円となる。

課税価格に算入すべき本件土地の価額については，本件土地の相続税評価額は6,884万4,983円であるところ，本件土地の時価は，上記のとおり１億3,176万1,341円であり，本件土地の相続税評価額が本件相続開始日における本件土地の時価を上回るような「特別の事情」があるとは認められないことから，原処分庁

＜本件１次鑑定評価額算定において＞

（標準画地の更地価格）（建付減価）（個別性評価）
54,000円 × 100/100 × 77/100（注1）× 1,208.21㎡＝50,237,000円

（注1） 角地＋2（1.02），不整形△5（0.95），面大地△20の合計△23（0.77）

＜本件２次鑑定評価額算定において＞

（標準画地の更地価格）（個別性評価）
166,000円 × 30/100（注2）＝49,800円（対象地の更地価格）

49,800円×1,208.21㎡＝60,169,000円

（注2） 潰れ地△11％（0.89），価格逓減率△39％（0.61），販売費・金利・造成費等△44の相乗積

＜本件１次鑑定評価額の算定の概要＞

	取引事例A	取引事例B	取引事例C	取引事例D	県基準地
地積・形状等	170.97㎡ 長方形	125.95㎡ ほぼ長方形	332.00㎡ 不整形	1,130.00㎡ 台形	196㎡ 長方形
取引時点	平成○年7月4日	平成○年9月4日	平成○年9月2日	平成○年2月20日	平成○年7月1日
取引価格	75,685円/㎡	69,575円/㎡	43,633円/㎡	18,584円/㎡	135,000円/㎡
事情補正	100/100	100/100	100/100	100/100	
時点修正	97.2/100	102.9/100	93.0/100	95.4/100	102.1/100
標準化補正 （内訳）	100/100	100/116 （面小 ＋20 宅造法△3）	100/98 （形状 △5 間口大＋3）	100/80 （面大地△20）	100/100

＜本件２次鑑定評価額の算定の概要＞

	取引事例E	取引事例F	取引事例G	取引事例H	県基準地
地積・形状等	125.00㎡ 不整形	287.20㎡ ほぼ台形	239.77㎡ ほぼ長方形	158.06㎡ ほぼ整形	196㎡ 長方形
取引時点	平成○年11月19日	平成○年5月10日	平成○年4月30日	平成○年4月15日	平成○年7月1日
取引価格	184,000円/㎡	152,507円/㎡	145,973円/㎡	120,208円/㎡	135,000円/㎡
事情補正	100/120	100/100	100/100	100/100	
時点修正	99.0/100	101.4/100	101.2/100	101.0/100	102.1/100
標準化補正 （内訳）	100/90 （形状△10）	100/100 （角地 ＋2 台形 △2）	100/100	100/90 （形状 △10）	100/100

の算定した本件土地の時価について判断するまでもなく，課税価格に算入すべき本件土地の価額は，相続税評価額6,884万4,983円によることが相当である。

コメント 本件土地の面積は1,208.21㎡であるが，1次鑑定の取引事例は面積が170.97㎡，125.95㎡，332.00㎡の事例を採用している。

2次鑑定では，面積が125.00㎡，287.20㎡，239.77㎡，158.06㎡の取引事例を採用している。本件土地の面積1,208.21㎡に比べて極めて小さい取引事例を採用し，比準している。

審判所が指摘するように，本件土地と同様な画地規模の大きな取引事例があるにもかかわらず，本件土地と同様な画地規模の大きな取引事例を採用して比準していない。基本的なミスといわざるを得ない。

本件土地は市街化調整区域内の現況宅地（公簿も宅地）で，開発が可能であるにもかかわらず，開発不可として評価した1次鑑定評価額は適切な価額とはいえないと審判所は判断した。事前調査が不十分である。十分な調査が必要かと思う。役所の担当窓口で担当者の意見を聞きながら本件土地が開発可能かを調べていけば，このような調査ミスは防げるはずである。

審判所は，2次鑑定評価額の個別的要因の格差率は，土地価格比準表の格差と比較しても著しく大きく，その根拠も専ら不動産鑑定士の経験的判断によるものという説明なので，実証性および客観性に欠けると断定し，本件土地については相続税評価額が相続開始時における時価を上回っている「特別の事情」があるとはいえない，と結論付けた。

個別的要因の格差率は土地評価額に直接影響を及ぼすものなので，注意深く格差率を決めるように注意すべきであると思う。

【29】請求人鑑定評価書は，取引事例の補正率の算定根拠が明らかでないこと，および個別的要因格差の査定に不合理な点があるので，本件鑑定評価額は適正な時価とはいえないとした事例

（大裁(諸)平19第14号・平成19年10月22日）

本件土地の概要 本件土地（現況宅地（駐車場用地））を含む周辺地域は，一般住宅が建ち並ぶ傾斜地の住宅地域である。本件土地は長方形の中間画地で，南側を幅員約5mの舗装私道に接面するが，約3m高位に接面するとともに高さ約2mの石積擁壁がある。第一種中高層住居専用地域（建ぺい率60%，容積率200%）に存する。なお，本件土地の面積は不詳である。

請求人の主張 本件土地は，相続開始直後から複数の不動産業者を通じて売りに出し，○○で譲渡した。したがって，この譲渡価額が市場において自由な取引により成立した価額であり，この譲渡価額とも近似している本件鑑定評価額○○が本件土地の時価である。

評価通達を適用して評価することが著しく不適当と認められる「特別の事情」の有無については，平成○年11月頃から路線価に基づき評価した価額である○○で本件土地を売りに出していたが，当該価額では譲渡できず，平成○年3月に○○で譲渡した。このことからみても，評価通達により評価した額が本件土地の適正な時価を反映していないと認められる。

本件鑑定は，取引事例比較法による比準価格，土地残余法による収益価格および開発法による価格を調整の上，公示価格との均衡を勘案して適正に本件鑑定評価額を決定している。

原処分庁の主張 課税実務に照らせば，評価通達の定める基準が時価評価の一方式として合理性を肯定できるものである限り，相続税法の予定する時価に合致するものであるから，評価通達を適用して評価することが特に不合理と認められる「特別の事情」がない限り，一般基準としての評価通達に基づき時価を評価することは是認することができるものと解される。

したがって，評価通達に基づいて評価した評価額は，○○が本件土地の時価である。

本件譲渡は請求人側の売り申込みという状況を前提として取引が行われたものであり，その場合には譲渡価額が時価よりも低額であるのが通例である。

また，本件譲渡は，鑑定書が作成された平成○年３月１日以後に行われており，譲渡価額は，本件鑑定評価額を前提として決定されたものであると認められるところ，本件鑑定評価額は適正に算定されたものとは認められないことから，当該譲渡価額は時価を適正に反映したものとはいえない。

本件鑑定は問題があることから，本件鑑定評価額を時価として採用することはできない。なぜなら，本件土地は駐車場として利用されていることから，高額な造成費用を必要とするような劣悪な状態の土地であるとは認められず，格差をしんしゃくする必要があるとは認められない。

審判所の判断

請求人は，本件土地は路線価に基づき評価した価額である○○では譲渡できず，平成○年３月に○○で譲渡したもので，これと近似する本件鑑定評価額が時価である旨主張する。

本件譲渡価額は，地元の事情に精通した○○の主導による交渉の結果成約した価額であり，さらに，その後短期間で本件土地が現状のまま転売され，建売住宅としての販売活動がされていること，転売価額や販売価格等からみても，本件譲渡は買主にとって有利な価額による譲渡であると認められる。また，後記のとおり本件鑑定には合理性が認められないことからも，本件譲渡価額が客観的な交換価値を示しているとは認められない。

また，請求人は，本件土地は近隣地域と同程度の中小規模一般住宅の敷地に画地分割の上，掘込車庫を設置することが最有効使用であり，そのためには再造成の必要があるという「特別の事情」がある旨主張する。

しかしながら，本件土地は，相続時においては既に宅地造成の上，長年にわたり駐車場として利用されていたのであるから，多額の再造成工事費をかけた上で中小規模一般住宅の敷地にするという請求人の主張する最有効使用の前提自体に疑問がある。また，仮に建売住宅として販売するには掘込車庫が必要であるとしても，その費用は建物建築の際に構築物の取得費として発生する費用であって，宅地価格の算定上考慮すべき費用とは認められない。

したがって，請求人の上記主張は採用できない。

本件鑑定の適合については，本件鑑定において，比準価格の査定に当たり，４件の取引事例を選定し，そのうち取引事例３は「事情補正＋20」のしんしゃくがされている。

ところで，事情補正とは，売り急ぎ・買い進み等の「特別の事情」の介在が認められる場合に，これらの事情がない正常な価格に補正することをいうところ，本件鑑定においては，取引事例３につき，上記「特別の事情」の具体的な内容や補正率の算定根拠が明らかにされていない。

請求人は，各種補正を行った後の価格が他の取引事例に比較して高くなったから，周辺地域の価格水準に合わせるため事情補正を行った旨主張し，請求人提出の○○作成の「意見書」（以下，本件意見書という）にも同旨の記載がある。そうすると，○○は，取引事例３について補正を要する具体的な内容を検討することなく，自らの想定する価格に調整するために事情補正を行っていることから，合理性を欠くというべきである。

本件鑑定は，個別的要因として，「大規模画地 -10」，「私道負担 -13」，「画地分割の必要性 -10」，「再造成の必要性 -35」とした上で，本件土地の個別格差率を100 分の 45.8 としている。

請求人の主張および本件意見書によると，大規模画地については，市場参加者が限定され売却までに相当の時間が費やされ，また，本件土地を６画地に分割の上，エンドユーザーに完売するには，価格時点から２年程度かかるものと予想されるため，時間的なロスを考慮する必要があることを理由としてその複利現価率を 0.9 と算出し，上記格差を付けたとしている。しかし，この算出根拠によると，「大規模画地 -10」および「画地分割の必要性 -10」は，重複する理由により重ねて減価率を適用していることとなる。

また，再造成が必要として造成工事一覧表を提出しているが，擁壁設置費用等については，本件土地には既に擁壁が築造されており，その根拠が不明であり，掘込車庫費用は建物建築の際に構築物の取得費として発生する費用であり，土地価格算定の際に考慮すべき費用とは認められない。

そうすると，個別的要因格差の査定に合理的な理由は認められない。

開発法による価格については，本件鑑定は，本件土地の最有効使用を，画地分割の上，掘込車庫を設置した中小規模一般住宅敷地であることを前提とし，これにかかる造成工事費を含めて算定している。しかしながら，その最有効使用の前提自体疑問があるのみならず，本件土地は既に周辺宅地同様に道路面から高さ約３ｍの擁壁が築造されており，新たに擁壁費用の計上を要する根拠が不明である。

さらに，階段設置費用および掘込車庫設置費用は，建物の配置と居住者の事情により配置およびスペースが決まるものであり，建物の建築の際に発生する費用である。

そうすると，本件鑑定で想定されている造成工事費を本件土地の造成工事費として控除することに妥当性があるとは認められず，開発法を適用して造成工事費を1㎡当たり3万7,200円と算定したことに合理的な理由は認められない。

以上のとおり，本件鑑定には合理性がないことから，本件鑑定評価額は本件土地の時価を適正に評価したものとは認められない。

本件土地の価額は，上記で判断したとおり，本件土地の価額の評価につき，評価通達を適用して評価することが著しく不適当と認められる「特別の事情」がないことから，評価通達に基づいて評価するのが相当である。

そして，評価通達に基づいて評価すると，本件土地の価額は，審判所認定額のとおりとなり，原処分と同額であるから，本件通知処分は適法である。

コメント 請求人は，本件鑑定評価額が本件土地の時価であると主張する。その理由として，①本件土地を路線価に基づいて売り出したが，半額程度でしか売れないこと，②本件土地は舗装私道に接面するが，約3m高く擁壁があり，なおかつ面積が大きいため再造成や掘込車庫が必要な土地なので，造成工事費がかさむ等の理由から評価通達により求めた時価より低くなると主張した。

ところが，審判所は，①路線価の評価時点（平成○年1月1日）から本件相続の開始日までの間に20%を超える下落があったとは認められないこと，さらに②本件土地の譲渡価額は適正な時価とは認められないこと，③本件土地は駐車場用地として宅地造成済であるのに，さらに多額の造成費用は不要であること等から評価通達による評価が不合理と認められる特別な理由は認められないと，判断した。

また，本件鑑定評価額は比準価格の事情補正や個別的要因格差に納得がいかない点があること，また，開発法による価格の算定において造成費が高額すぎるという指摘があり，合理的に算定したものではないと審判所は断定した。

取引事例を採用する場合，事情補正が生ずるような取引事例を出来るだけ採用しないことが大事かと思う。仮に事情補正が発生したならば，そのような取引事例は比準価格の決定に際しては参考程度にとどめることが大切かと思う。価格の信頼性を高めるには必要なことである。

また，地価の変動率については，公示地や基準地の変動率および路線価の変動率をよく注視すべきである。その変動率を大幅に超えるならば，それなりの根拠を提示すべきであると考える。

【30】本件鑑定評価額は不動産鑑定評価基準に基づいて算定されたものとは認められず，土地は本件土地上に存する借地権と併合されることを妨げる「特別の事情」はないので，評価通達に基づいた価額が相当とした事例

（沖裁（諸）平19第5号・平成20年5月21日）

本件土地の概要 本件土地（地積231.00㎡）は，相続開始時点に○○に賃貸されて，同人の建物の敷地として利用されていた。

本件土地は，20年ほど前に土地賃貸借契約の更新のために被相続人と○○との間で土地賃貸借契約を締結しており，地代は年間約12万円である。

請求人の主張 次の理由から，本件土地の時価は請求人が主張する評価額であり，原処分庁評価額は，相続税法第22条に規定する時価を適正に反映しておらず，違法であるから，原処分の全部の取消しを求める。評価通達に定められた財産の評価方法に基づき算出した評価額が，すべて相続税法第22条に規定する時価になるとは限らない。

借地権価額控除方式には合理性がなく，また，売買実例による貸宅地の売買価額は借地権価額控除方式に基づき求めた評価額を下回っていることから，本件土地の価額を借地権価額控除方式により評価することは違法である。さらに，本件土地を評価する場合における借地権割合40%が付された根拠が示されていないことからも，本件土地については，「請求人評価額算定の概要」のとおり評価した価額が時価というべきである。

原処分庁の主張 次の理由から，本件土地の時価は原処分庁評価額であるから，本件審査請求を棄却するとの裁決を求める。

評価通達等は合理性を有していることから，評価通達等により難い「特別の事情」または評価通達等に基づいて評価した価額が時価を超えていると認められる場合を除き，特定の納税者についてのみ，評価通達等に定める方式以外の方法によってその評価を行うことは納税者の実質的負担の公平を欠くことになり許されないというべきである。本件土地については，評価通達等により難い「特別の事情」は何ら存在しないことから，原処分庁評価額が相続税法第22条に規定する時価である。

審判所の判断 請求人は，鑑定評価額193万9,000円が本件土地の時価である旨主張する。そこで，以下その内容について検討する。

請求人鑑定評価は，更地価格の算定に当たり，規準価格の算定を行わず，本件土地の比準価格の算定において採用した各取引事例に事情補正，時点修正，標準化補正および地域格差補正までを行った価格（標準画地価格）を基に比準価格のみを算定して採用しているが，不動産鑑定評価基準に照らして合理的なものとは認められない。

請求人鑑定評価は，更地価格の算定に当たり，個別格差補正として地積過大による減価を行っているが，この減価割合の根拠は，これまでの実務経験に基づくものであるというのは具体性に乏しく相当とは認められない。

請求人鑑定評価は，地代徴収権の現在価値を求める場合の複利年金現価率および更地への復帰価値を求める場合の複利現価率の算定根拠となる利率として，利回り7.074%をそれぞれ採用しているが，還元利回りと割引率は異なる性質のものであり，その利率も異なるものと考えられるところ，請求人鑑定評価は，還元利回りおよび割引率の算定に当たり同一の率7.074%を採用していることからすれば，その算出の基礎とした利回りは適切なものとは認められない。

請求人鑑定評価は，請求人評価の概要の「底地価格」の「補正事項」欄のとおり，○○の取引倍率との比較により50%の減価をし，さらに，○○との比較により市場性の減退があるとして40%の減価をしている。

しかしながら，請求人鑑定評価は，収益価格の算出に当たり，年間地代を還元利回りで還元して収益価格を算出した後，さらに，○○の取引倍率との比較による市場性の減退により減価しているものであるが，収益価格は評価対象土地に係る純収益を還元利回りで還元することにより求められるものであることからすれば，仮に年間地代が純収益と等しいとし，それに基づき算出した額を収益価格としているとしても，当該収益価格からさらに市場性の減退等による減価を行う必要性は認められない。

一方，底地価格は，単なる地代徴収権だけでなく，むしろ将来借地権を併合して完全所有権とする潜在的価値に着目して価格形成されているのが一般的と認められる。

そうすると，底地価格は，○○との価格とは異なり，一般的に地代徴収権のみに着目して価格が形成されるものではないことから，○○と比較することに合理性は認められないほか，この減価割合の根拠についても上記の答述内容（略）からすると具体性に乏しいといわざるを得ない。

したがって，請求人鑑定評価における○○の取引倍率等との比較による減価は相当とは認められない。

以上のとおり，請求人鑑定評価額が相続税法第22条に規定する時価であるとの請求人の主張には理由がない。

請求人は，①借地権価額控除方式には合理性がなく，本件土地は借地権価額控除方式で評価することができないこと，および②売買実例による底地の売買価額が借地権価額控除方式に基づく評価額を下回っていることから，借地権価額控除方式は相続税法第22条に規定する時価にはならない旨主張するが，本件土地が本件土地の上に存する借地権と併合されて完全所有権となることを妨げる「特別の事情」は認められず，さらに，底地の売買実例価額にはその取引の個別の事情が反映されているため，売買実例価額をもって直ちに客観的交換価値である時価とみることはできないことからしても，請求人の主張には理由がない。

原処分庁は，「原処分庁評価額算定の概要」のとおり評価通達等に基づき本件土地の評価額を1,108万8,223円と算定している。

本件土地の評価額については，評価通達等に定める評価方法は合理的と認められ，また，本件土地について評価通達等を適用して評価することが著しく不適当と認められる「特別の事情」は認められないから，評価通達等により評価すべきであり，評価通達等に基づいて評価した原処分庁評価方法は相当と認められる。

なお，本件土地の地積については231.00㎡であることから，本件土地の評価額は，「審判所認定額」のとおり，1,113万3,045円となる。

コメント 請求人は，原処分庁評価額は相続税法第22条に規定する時価を適正に反映しておらず違法であるが，本件鑑定評価額は時価を表しているので，本件鑑定評価額により評価するべきであると主張した。

しかしながら，審判所は，本件鑑定評価額について，①更地価格の算定にあたり規準価格の算定を行わず比準価格のみを採用しているのは合理的とは認められないこと，②更地価格の算定にあたり個別格差補正として地積過大による減価を行っているが，その減価の理由が具体性に乏しく相当とは認められないこと，③さらに底地価格を求めるにあたり還元利回りと割引率とは異なる性質のものなのに同一の利率を採用して算定しており，利回りは適切とは認められないこと，④底地価格を求めるにあたり補正事項として取引倍率との比較による減価（△50%），市場性の減退による減価（△40%）を行っているが，減価割合の根拠に具体性が乏しく減価は相当とは認められないこと，⑤本件土地が本件土地の上に存する借地権と併合されて完全所有権となることを妨げる「特別の事情」は認められないことが指摘できると審判所は判断した。

したがって，本件鑑定評価額は本件相続開始日における適正な時価とは認められない。

以上の理由により，評価通達の定める評価方法により求めた時価を否定するような「特別の事情」はないので，本件土地の時価は評価通達による評価額であると審判所は判断した。

【31】本件土地の所有者である被相続人と賃借人とは同族関係者に該当し，借地権を併合して完全所有権となる可能性が高いので，借地権価額控除方式に合理性があるとした事例

（沖裁（諸）平15第7号・平成15年9月2日）

本件土地の概要 本件土地は，倉庫の用に貸し付けられた宅地（1,493.96㎡）で，本件土地の所有者である被相続人と賃借人とは同族関係者という関係にある。なお，本件土地の賃貸借契約書も存在せず，借地権は自然発生的に生じたもの（審判所の判断）といえる土地である。

本件土地の賃貸に係る賃料は，周辺の賃料の相場は固定資産税の6から7倍であるとの当時の税理士からのアドバイスにより，270万円（平成○年以降は240万円）と決定した。なお，昭和○年当時，本件土地周辺地域においては宅地の賃貸に当たり権利金授受の慣行はないため，当該宅地の賃貸に当たり権利金の授受はない。

請求人の主張 本件土地の価額は，請求人が提出した鑑定評価書の鑑定評価（以下，本件鑑定評価という）による価額6,900万円を採用すべきである。

すなわち，本件鑑定評価の方法は，実際支払賃料（賃料は3年ごとに4％上昇するものと仮定）を還元（還元利回りは5％を適用）して求めた収益価格と，底地取引事例を収集して，底地の価額が自用地の価額に占める割合（底地割合）を30%として求めた試算価格とを，3対1の比率で加重平均することにより決定するというものであり，合理的な評価方法である。

原処分庁の主張 あらかじめ定めた評価方法によって画一的に課税財産の時価を算定する取扱いは，納税者間の公平および納税者の便宜等という見地から合理的であり，評価通達に定められた評価方法および基準が合理的なものである限り，適法なものと解されている。

本件更正処分において，本件土地の価額は評価通達に定める貸宅地の評価の定めに従って適正に算定されており，また，本件土地の価額を評価通達に定める貸宅地の評価方法以外の方法によって評価しなければならない「特別の事情」は認められないから，評価通達に基づき本件土地の価額を1億6,134万7,680円＝［18

万円（路線価）× 1,493.96㎡（面積）×（1－40％（借地権割合））］と算定して行った本件更正処分は適法である。

審判所の判断 本件土地に，将来，借地権を併合して完全所有権となる潜在的価値が存すると認めることが困難である「特別の事情」が存する場合には，借地権価額控除方式の合理性の根拠を失うことになるから，そのような「特別の事情」の有無について検討すると次のとおりである。

すなわち，本件土地の賃貸借の状況は，①本体土地の賃貸借に係る契約書は存在しないこと，②本件土地の所有者である被相続人と賃借人とは同族関係者という関係にあるということ以外に本件借地契約における契約条件は明らかではなく，結局，本件土地にかかる借地権は，被相続人という特別関係者の間で，倉庫の建設敷地として利用することを目的として本体土地を賃貸借した事実に基づき自然発生的に生じたものということができ，一般的な第三者間の借地契約におけるものよりも，将来，本体土地とその上の借地権とが併合し，完全な土地所有権となる可能性はより高いものと認められるから，本件土地に，将来，借地権を併合して完全所有権となる潜在的価値が存すると認めることを困難とする「特別の事情」はない。

次に，請求人は，収益還元法による収益価格を基準として底地割合方式に基づく試算価格をも十分に関連づけて算定した価額は，時代の要請に適うもので合理性がある旨主張する。

しかしながら，請求人の採用する収益還元方式および底地割合方式には，それぞれ次の問題が存在することから，いずれの評価方式も，相続税法第22条の趣旨および上記の考え方に照らして，合理性を有するものとは認めがたい。

本件鑑定評価においても，「純収益」は，平成○年中における年間地代から公租公課（固定資産税）を控除し，これに3年ごとの4％の地代上昇率を加算したものとするが，これは標準化されたものとはいえないし，また，「資本還元率」は5％を適用しているが，その根拠は示されていない。

借地権割合については，原処分庁において，長年にわたり，借地権の売買実例価額，精通者意見価額等を基として評定され，公開されているものであることが認められるから，一定の地域における借地権の実勢価額を反映しているものと考えられるが，底地割合については，底地そのものの取引事例は，借地権の取引事例に比してはるかに少ないものと予測され，しかも，本件鑑定評価も認めるように，収集した取引事例には底地割合にかなりのばらつきがあるということからも，取引事例から求められた底地割合が，その地域の底地の実勢価額を反映し得るほどの指標性をもつものとは認め難いといわざるを得ない。

なお，請求人は，相続税法第 22 条にいう貸宅地の時価は，底地を借地人に売却する場合の価額（限定価格）をいうのではなく，底地を第三者に単独で譲渡する場合の価額（正常価格）をいうものと解するべきである旨主張する。

しかしながら，一定の目的のために試算価格が種々算定されるということは確かであるが，財産の評価においては，評価の対象である貸宅地の相続開始時の状況に着目し，その貸宅地の価額は，単なる地代徴収権の価額にとどまらず，将来，借地権を併合して完全所有権とする潜在的価値に着目して価額が形成されるものであるということであるから，一般的に，借地権価額控除方式により算定した価額が時価に相当するとすることに合理性を有するものと認められ，仮にそのような潜在価値に着目した価額が形成されない「特別の事情」が存する貸宅地の場合には，その貸宅地の価額は，その事情を考慮して評価すべきものであるということにある。

したがって，本体土地には，このような「特別の事情」の存在は認められないので，この点に関する請求人の主張には理由がない。

以上，検討したところによれば，貸宅地に係る評価通達および不動産鑑定評価基準の定めは合理性を有するものと解することができるところ，請求人が主張する評価方式は，相続税における財産評価の方式としては合理性を有するものとは認めることができず，採用することはできないし，本件土地に，評価通達に定める貸宅地の評価方法以外の方法によるべき「特別の事情」のあることを認めるに足りる証拠はない。

コメント　請求人は，本件土地（底地）の時価は，鑑定評価による価額によるべきだと主張するが，審判所は，本件土地の賃貸借の状況について，①本件土地の賃貸借契約書がないこと，②本件土地の所有者である被相続人と賃借人とは，同族関係者の関係にあること等を勘案すれば，将来底地と借地権とが併合して，完全所有権になる可能性は高いと考えられるので，借地権を併合して完全所有とする潜在的価値が存すると認めることが困難であるとする「特別の事情」はないと判断し，評価通達に定める貸宅地の評価方法を採用した。

底地の評価においては，借地権を併合して完全所有権になる可能性があるか否かを十二分に検討する必要がある。特に同族関係者がからむ場合は特に要注意である。

【32】本件土地の賃貸借契約の内容に「特別の事情」が存しているとはいえず，請求人および原処分庁の鑑定評価額は相続税法第22条に規定する時価とは認められないとした事例

（沖裁(諸)平15第12号・平成16年6月30日）

本件土地の概要　本件土地（底地）の地積は1,019㎡で，第2種住居地域（建ぺい率60%，容積率200%）に存する。相続開始日現在，鉄筋コンクリート造陸屋根2階建て床面積114.26㎡の建物が存する。

請求人の主張　本件土地の時価は，請求人鑑定による評価額2,217万2,000円である。評価通達等により算定した本件土地の価額は時価を反映していないので，評価通達6に定める「特別の事情」がある。

原処分庁の主張　本件土地の時価は，原処分庁鑑定による評価額3,060万円である。本件土地については，評価通達等により算定した価格が時価（鑑定評価額）を上回っていることが「特別の事情」に当たる。

審判所の判断　請求人鑑定の規準価格は，適切に算定されているとは認められず，また，収益価格を決定要因としないことも理由はないから，比準価格のみを基にして算定した請求人鑑定による更地価格は採用し難い。

請求人鑑定によると，地代徴収権の価値の価額算定のための還元利回りと更地の復帰価値の価額算定のための割引率のいずれについても，全国銀行・長期・約定貸付金利の6.0475%を採用し，これは，収益還元法が投資家の投資構造を解明する手法であり，算定のための利子率は金融機関から融資を受ける場合の利子率によるべきであるとしている。

しかしながら，還元利回りとは，不動産から得られる収益を不動産の価額で割った利回りをいい，割引率とは，将来発生する金額をその不確実性などを反映させて現在価値に引き直すために使われる利率をいうのであって，割引率は，資金をいくらで運用することができるかという収益率としての概念と，将来の不確実性を反映させるという概念の両方を含んだものと解されている。

そうすると，還元利回りと割引率とは異なる性質のものであるから，同一の利率を適用するのが適正であるとはいえないところ，請求人は，同一の利率を適用することにつき，その理由を明らかにしていない。また，請求人が採用した利率

が標準化されたものとも認められない。

さらに，更地の復帰価格の算定において，本件土地の更地価格および採用した適用利率を基にしているところ，上記で述べたとおり，当該更地価格が適正に算定されているとは認められないことから，これを基に算定した更地の復帰価格は適正な価額だとはいえない。

以上を総合すれば，本件土地の請求人鑑定による鑑定評価額は採用し難く，評価通達等によらない理由があるとも認められない。

原処分庁鑑定について検討すれば，下記の通りである。

本件土地が所在する本件土地周辺においては，一般的に各世帯に駐車場の保有が認められるので，賃貸共同住宅を建設する場合，当該共同住宅の戸数相当の駐車場を確保する必要があると認められる。

そうすると，最有効使用の賃貸共同住宅を想定した場合，原処分庁鑑定が想定した賃貸共同住宅の規模によると，対象不動産（本件土地）上には，当該共同住宅と合わせて当該共同住宅の戸数に見合う駐車場は確保できず，原処分庁が想定した賃貸共同住宅は最有効使用のものであるとは認められない。

地代徴収権の価値を算定するための年間支払賃料は，不動産鑑定評価基準各論の第１によると実際支払賃料によるとされているところ，原処分庁鑑定は，17年間改定がないことを理由に実際支払賃料の1.2倍の金額を基に，地代徴収権の価値を算定している。

しかし，対象不動産（本件土地）の賃料は数年ごとに改訂されており，地代の改訂がないとして実際支払賃料を修正した原処分庁鑑定はその判断の前提を欠くことになる。

原処分庁鑑定は，還元利回りについては，基本利率（５％）を中心に，投資対象としての安全性，流動性等を勘案して3.5％とし，割引率については，基本利率を中心に，更地が復帰することの不確実性を特に配慮し，１％程度をプラスして６％としている。

ところで，不動産鑑定評価基準総論の第７によると，還元利回りについて，最も一般的と思われる投資の利回りを標準とし，その投資対象としての危険性，流動性，管理としての安全性等を総合的に比較考慮して求めるものとされているところ，原処分庁鑑定が採用した基本利率は，日本不動産鑑定協会による研究成果であると認められるものの，基本利率を中心に，還元利回りを3.5％と決定した理由および割引率を6％にしたことについて標準化されたものとは認められない。

以上を総合すれば，本件土地の原処分庁鑑定による鑑定評価額は採用し難く，評価通達等によらない理由があるとも認められない。

評価通達等を適用して評価することが著しく不適当と認められる「特別の事情」が存する場合には，他の合理的な方法により時価を求めるべきことは，上記で述べたとおりである。これを本件についてみると，本件各土地の賃貸借契約によれば，①昭和○年3月16日以降の賃貸借契約書には，「普通建物所有の目的をもって賃貸する」旨の条項が，②昭和○年3月16日の当初の賃貸借契約書においては，「賃貸人は，賃借人がこの土地に建物および構築物を建設する場合には，無条件にこれを承認するものとする」との条項が，③平成○年6月7日以降のすべての賃貸借契約書には，「賃借人はこの土地に建物および構築物を建設する場合は，事前に賃貸人の承諾を得る」との条項があるものの，いずれの賃貸借契約書にもこれら以外には特約条項の記載がないことが認められる。

以上を総合すると，本件各土地の賃貸借契約の内容に「特別の事情」が存しているとはいえず，さらに，請求人鑑定による鑑定証価額および原処分庁鑑定による鑑定評価額は，相続税法第22条に規定する時価とは認めることができないから，評価通達等により評価することが著しく不適当と認められる「特別の事情」が存するとは認められない。

以上のことから，本件土地の時価額については，評価通達第2章の定めに従って評価するのが相当である。

本件土地の底地としての価額は，平成○年度の固定資産税評価額6,812万150円に1.1倍を乗じた7,493万2,165円から借地権の価額を控除した5,245万2,516円となる。

コメント 本件土地（底地）の時価について，請求人は請求人鑑定評価額によるべきだと主張するが，請求人鑑定による更地価格は，比準価格のみを基に更地価格を算定しているので，不動産鑑定評価基準に照らして合理性を欠いていると審判所は判断した。また，底地価格については，請求人鑑定によると，地代徴収権の価値の価格算定のための割引率はいずれも同じ利率を採用しているが，還元利回りと割引率とは異なる性質のものと解されるが，同一の利率を適用することの理由を明らかにしていないので，このようにして求めた底地価格は採用し難いと審判所は判断した。

本件土地（底地）の時価について，原処分庁は，「特別の事情」があるので原処分庁鑑定評価額によるべきだと主張するが，原処分庁鑑定評価による更地価格を求めるにあたり原処分庁鑑定評価の収益価格は，本件土地の最有効使用を賃貸共同住宅と想定するも，当該共同住宅と合わせて共同住宅の戸数に見合う駐車場は確保できておらず，原処分庁鑑定評価が想定した賃貸共同住宅は最有効使用のものとは認められないので，このようにして求めた原処分庁鑑定評価の更地価格は採用し難いと審判所は判断した。

また，底地価格について原処分庁鑑定は，本件土地の賃料は数年ごとに改訂されているにもかかわらず，17 年間地代の改訂がないとして地代徴収権の価値を算定しており，その判断の前提を欠いていると審判所は判断した。

また，底地価格については，原処分庁鑑定は還元利回りおよび割引率は異なる利率を採用しているが，原処分庁鑑定が決めた還元利回りは基本利率を中心に利回りを採用しているが，その理由および割引率を 6 %に決めたことについて標準化されたものとは認められず，原処分庁による底地価格は採用し難いと審判所は判断した。

以上から請求人鑑定による鑑定評価額および原処分庁鑑定評価額は相続税法第 22 条による時価とは認められないので，評価通達による評価が著しく不適当と認められる「特別の事情」はないと審判所は判断し，評価通達による底地の評価額をもって本件土地の時価とするのが相当であると決定した。

【33】本件土地は，借地権者が底地を買い取った事例がある土地（底地）なので，本件土地の底地の評価は借地権価額控除方式によるべきとした事例

（沖裁（諸）平16第4号・平成16年12月17日）

本件土地の概要 本件土地は，地積530.00㎡の底地で，市街化区域（第2種低層住居専用地域，建ぺい率60%，容積率150%）に存する。

本件土地は，借地権者が，昭和○年ごろ，複数の土地所有者から土地を賃借して宅地造成を行った後，転借権付戸建住宅として分譲した一団の地域（以下，○○という）のうちに所在している。

本件贈与時，本件土地は，建物の敷地として利用されている部分と幅員約5mの舗装道路敷地として利用されている部分（以下，本件私道という）がある。

本件私道部分は，○○内の他の私道とともに，○○に隣接する他の道路に接続した通り抜け可能な道路である。

本件土地の以前の所有者で賃貸人であった○○と賃借人である○○との昭和○年5月19日付の土地賃貸借契約書には，概要，次のとおりの記載がある。

なお，特約条項については特に記載はない。

・賃貸人はその所有に係る本件土地160坪を賃借人に賃貸し，賃借人はこれを賃借して賃料を支払う。

・賃借人はこの賃借にかかる土地を宅地に造成し，団地として使用収益することとし，賃貸人はこれについて承諾した。

・この賃貸借の存続期間は，昭和○年8月31日契約の残存期間平成○年8月31日までとする。

・賃料は一坪につき1,000円とし，賃借人は毎年9月30日までに1年分を賃借人の事務所において賃貸人に前払いする。

・賃貸人および賃借人は，この賃貸借について登記することとする。

請求人の主張 評価通達の貸宅地の評価方法（借地権価額控除方式）は，限定価格を求める評価方法であるから，相続税法第22条の時価を表していない。

本件土地は，①底地と借地権とが併合されて完全所有権が復活する可能性が著

しく低く，②契約更新等に係る一時金の取得の可能性もない。

以上のことから，本件土地は，評価通達の貸宅地の評価方法（借地権価額控除方式）によって評価することに著しく不適当と認められる「特別の事情」がある。

原処分庁の主張 本件土地を含む一団の土地は，各地主が所有する土地を不動産業者が一括で借り上げ，土地の形状とは無関係に区画し第三者に転借されている。

本件私道部分について，地主は賃料を受領しているなど通常の権利関係とは異なる個別事情があると考えられ，本件土地の将来の復帰価値の判定が極めて困難である。

以上のことから，本件土地の底地の価額を算定する場合には，個別に評価することが相当と認められる。

審判所の判断 本件土地の価額については，請求人は，請求人鑑定による鑑定評価額によるべきであると主張し，他方，原処分庁は，原処分庁鑑定による鑑定評価額を基に算定した価額によるべきであると主張するので，以下検討する。

請求人鑑定による更地価格は，採用した4取引事例の取引価格に，事情補正，時点修正，標準化補正，地域格差に基づく補正を行い標準画地の価格を求め，これに本件土地の個別的要因を考慮して算定した価格のうち，2取引事例の価格の中庸値により算定した比準価格（1㎡当たり5万6,800円）により3,010万4,000円と決定している。

請求人鑑定による底地価格は，年間支払賃料を16万円，還元利回りを6.205%，残存期間を35年として，地代徴収権の価値を226万5,017円と算定し，さらに，更地価格3,010万4,000円，割引率6.205%，残存期間を35年として更地の復帰価値を366万646円と算定し合計額592万6,000円に30%の減価補正を加えた414万8,000円と決定している。

この点について，請求人は減退の理由として，本件土地は地代の徴収について不確実，不安定な部分を有し，長期的な観点からみて確実に賃料収入を確保する確率の高い保証がないことを理由としているが，第三者間の売買における底地価格の決定は，地代徴収権のみに着目して決定されるものでないし，また，減価割合の30%についても具体的根拠を示しておらず，算定された底地価格から，さらに30%もの減価を行う合理的理由はない。

よって，以上を総合した結果，本件土地の請求人鑑定による鑑定評価額には合理性がなく採用し難い。

原処分庁鑑定による更地価格は，採用した 4 取引事例の取引価格に，事情補正，時点修正，標準化補正，地域格差に基づく補正を行い求めた標準画地の価格の平均値により算定した比準価格 12 万円を基礎として，本件土地を道路部分を含めた 4 画地に区分してそれぞれの画地ごとに個別格差に基づく補正を行い算定した価額の合計額により更地価格 3,960 万円と決定している。

そして，底地価格は，年間支払賃料を 18 万 4,000 円，還元利回りを 3.5%，残存期間を 34 年として，地代徴収権の価値を 327 万円と算定し，さらに，更地価格を 3,960 万円，割引率を 6.0%，残存期間を 34 年として更地の復帰価値を 546 万円と算定し，合計額 873 万円と決定している。

原処分庁鑑定は，年間支払賃料について，約 20 年間も増額がなされておらずそのまま採用するのは不合理であるとして，現行支払賃料を 16 万円と誤認した上，価格時点以降の実際の支払賃料の増額分を考慮し修正した 18 万 4,000 円（=@1,152 円× 160 坪）と算定しているが，現行支払賃料は 18 万 4,320 円であり，原処分庁鑑定が算定した年間支払賃料と結果的には近似しているものの，その賃料の採用の手法は適切でなく，原処分庁鑑定はその判断の前提を欠くこととなる。

＜本件土地の略図＞

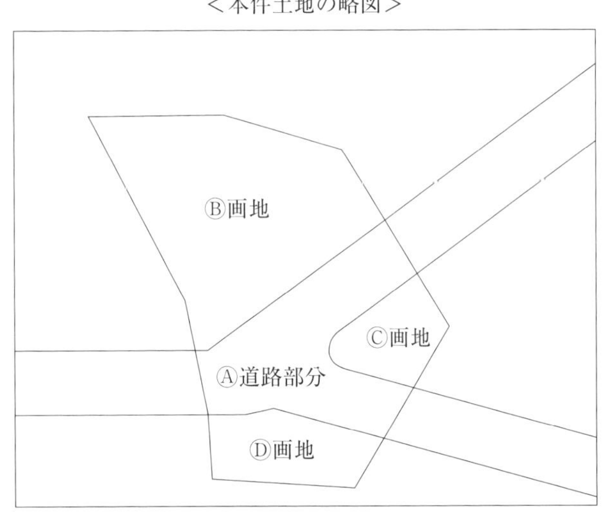

＜本件土地の時価＞

(1) 更地価格

項　　目	請求人鑑定（請求人主張額）	原処分庁鑑定	原処分庁主張額
価格時点	平成○年4月1日	平成○年12月8日	平成○年12月8日
①決定価格	56,800円	74,700円	
②総地積	530.00㎡	530.00㎡	530.00㎡
（Ⓐ道路）	166.78㎡	168.00㎡	
（Ⓑ道路）	210.39㎡	218.00㎡	
（Ⓒ道路）	60.94㎡	72.00㎡	
（Ⓓ道路）	91.89㎡	72.00㎡	
③更地価格（①×②）	30,104,000円	39,600,000円	37,580,000円

(2) 底地価格

	項　　目	請求人鑑定（請求人主張額）	原処分庁鑑定	原処分庁主張額
A地代徴収権の価値	①年間支払賃料	160,000円	184,000円	184,000円
		1,000円/坪×160坪	（1,152円/坪×160坪） 20年間地代の増額がされておらず，第三者間売買では，これを機に増額請求するのが一般的であるので，価格時点以降の実際の賃料増額をも考慮して修正	
	②必要諸経費等	−	（固定資産税）18,200円	（固定資産税）18,200円
	③純賃料（①−②）	160,000円	165,800円	165,800円
	④複利年金現価率	14.15636	19.7007	19.7007
	還元利回り	6.205%	3.5%	3.5%
		全国銀行・長期・約定貸出金利	基本利率（5%）を中心に，投資対象としての安定性，流動性等を勘案。	
	残存期間	35年	34年	34年
	③×④	2,265,017円	3,270,000円	3,270,000円
B更地の復帰価値	⑤更地価格	30,104,000円	39,600,000円	37,580,000円
	⑥複利現価率	0.1216	0.1379	0.1379
	割引率	6.205%	6.0%	6.0%
		全国銀行・長期・約定貸出金利	基本利率（5%）を中心に，更地が復帰することの不確実性を考慮し，1%程度をプラス。	
	残存期間	35年	34年	34年
	⑤×⑥	3,660,646円	5,460,000円	5,182,282円
底地価格	収益価格（A＋B）	5,926,000円	8,730,000円	8,452,000円
	補正事項	市場参考 30%減退	競売市場参考 補正なし	
	底地価格	4,148,000円	8,730,000円	8,452,000円

以上のことから，原処分庁鑑定による鑑定評価額を基に算定した原処分庁が主張する価額も直ちに適正なものとはいえない。

ところで，本件土地に係る契約内容においては，①本件土地の賃貸借契約に係る権利義務関係は，賃貸人は請求人，賃借人は○○，この一社の関係であること，②契約において，賃借人が本件土地上に道路を含む宅地造成を行い，その土地上に建物を建築し，これを他に転売または転貸することができる旨の合意があること，③本件土地に係る賃貸借については，登記手続を行うこと，④一定事由に該当するときは解除ができること，などが合意されている。

①については，契約関係は一対一の関係であることを確認し，実際に賃料の支払いも○○から行われており，②については，転借権は借地権を基礎として成立するものであるから，その権利は借地権の範囲内にとどまると考えられ，また，一団の宅地造成は，他の土地の所有者の敷地も含めて行われているが，本件土地に係る借地上の転貸は５件と少数であること，③については，現実に登記手続きはなされておらず，さらに④については，これまで賃貸借の解除に至った事例は認められないものの借地権者が土地所有者の要請に応じて底地を買い取った事例があることが挙げられ，借地権あるいは底地の買取りの可能性も残されているというべきである。

一時金の取得を契約更新の必要条件とする請求人の主張には理由がない。

そうすると，本件土地について，評価通達等によることが適当でないと認められる「特別の事情」があるとは認められない。

本件土地の審判所認定額については，以上のことから，本件土地の時価額については，評価通達第２章の定めに従って評価するのが相当であり，具体的には以下のとおりとなる。

本件土地の評価額は，本件土地の底地としての価額は，本件土地の平成○年度の１㎡当たりの固定資産税評価額に1.0倍および地積を乗じて算出した「自用地とした場合の価額」から借地権割合を基に算出した借地権価額を控除した価額となる。

コメント　本件土地の底地としての時価について，請求人は評価通達に基づき評価することは著しく不適当と認められる「特別の事情」

があるので，不動産鑑定士の鑑定評価額が本件土地の底地の時価であると主張した。しかし，第三者間の売買における底地価格の決定にあたり地代徴収権のみに着目して決定されるものではなく，なおかつ，収益価格から30%の減価をして底地価格を決めているが，その理由に具体的根拠もなく合理的なものではないので請求人鑑定は採用し難いと審判所から否認された。

また，原処分庁も評価通達等による評価ではなく原処分庁鑑定による価額が本件土地の価額であると主張するが，原処分庁鑑定は年間支払賃料が約20年間も増額されていないので，そのまま採用するのは不合理であると判断し，支払賃料を増額して底地価格を算定した。審判所は，賃料の採用の手法は適切ではないので，原処分庁鑑定もその判断の前提を欠き，適正とはいえないと判断した。その結果，審判所は本件土地の時価を決めることになった。

本件土地の価額を決めるにあたり本件土地の賃貸借において借地権者が土地所有者の要請に応じて底地を買い取った事例があったので，審判所は本件土地について借地権あるいは底地の買取りの可能性もあるので，本件土地の評価について，評価通達等によることが適当でないと認められる「特別の事情」はないという判断に至り，評価通達の貸宅地の評価方法（すなわち借地権価額控除方法）で評価することが相当であるとした。

底地の評価をするにあたり，土地の所有者が借地権を買い取ったり，底地を借地権者に売却した事案が本件土地において行われているか否かを注意して調査することが大切であることを痛感する事案である。

【34】本件土地と賃貸借関係が類似する土地は，請求人が建物を取得し完全所有権になっているので，本件土地も将来底地と借地権が併合される可能性がないとはいえない。したがって，「特別の事情」は認められないとした事例

（沖裁（諸）平17第16号・平成18年3月15日）

本件土地の概要 本件土地（地積252.77㎡）は，○○に賃貸されて同人所有の建物（居宅兼共同住宅），同人の子の○○所有の建物（居宅）の2棟の建物の敷地として利用されていた底地である。

被相続人は，昭和○年6月4日付で建物の所有を目的とする本件土地の土地賃貸借契約を○○と締結している。この土地賃貸借契約では，借地契約の期間は3年であるが，その後自動更新され現在まで継続している。

請求人の主張 相続税法第22条に規定する本件土地の時価は，不動産鑑定士が行った請求人鑑定評価額であり，原処分庁が行った評価通達等に基づく評価額（以下，原処分庁評価額という）は，借地権価額控除方式で求めた本件土地の価額は相続税法第22条に規定する時価を適正に反映していないことから時価を超えており違法であるから，原処分庁の全部の取消しを求める。

原処分庁の主張 原処分は，次のとおり適法であるので，審査請求を棄却するとの裁決を求める。

評価通達等は合理性を有しているところ，本件土地は評価通達等により適正に評価することができる土地であることから，評価通達等により難い「特別の事情」は認められないこと。

審判所の判断 請求人鑑定は，本件土地の請求人鑑定評価額を247万8,000円と決定している。そこで，その内容について検討する。

請求人鑑定は，地代徴収権の現在価値を求める場合の複利年金現価率および完全所有権への復帰への期待性の現在価値を求める場合の複利現価率の算定根拠として，利回り7.074％を採用している。

ここで，地代徴収権の現在価値を求める場合の複利年金現価率の算定根拠となる利率は還元利回りであり，完全所有権への復帰への期待性の現在価値を求める場合の複利現価率の算定根拠となる利率は割引率であると解されている。そして，

還元利回りとは，不動産から得られる収益を不動産の価額で割った利回りをいい，割引率とは，将来発生する金額をその不確実性等を反映させて現在価値に割り戻すために使われる利率をいい，資金をいくらで運用することができるかという収益率としての概念と，将来の不確実性を反映させるという概念の両方を含んでいるものと解されている。

そうすると，還元利回りと割引率は異なる性質のものであり，その利率も異なるものと考えられるところ，請求人鑑定は，還元利回りおよび割引率の算出に当たり同一の率7.074％を採用していることからすれば，その算出の基礎とした利回りは適切なものとは認められない。

請求人鑑定は，鑑定評価額算定の「底地価格の算定」の「補正事項」欄において，○○との比較による市場性の減退があるとして40％の減価をしているが，○○と比較することに合理性は認められない。

したがって，請求人鑑定における○○との比較による減価は相当とは認められない。個別格差補正について，請求人鑑定は，鑑定評価額算定の「更地価格の算定」のとおり個別格差補正として合計14％の減価をしている。しかしながら，この個別格差補正のうち，地積過大による減価率の根拠については，具体性に乏しいといわざるを得ない。したがって，請求人鑑定評価額が相続税法第22条に規定する時価であるとの請求人の主張には理由がない。

原処分庁は，評価通達等に基づき1,769万3,000円と算定している。本件土地について評価通達等により難い「特別の事情」は認められず，評価通達等に定める評価方法は合理的と解されていることから，原処分庁評価額は相当である。

請求人は，本件土地の評価にあたり借地権価額控除方式により難い「特別の事情」がある旨主張する。しかしながら，本件土地の地主と借地人との関係は賃貸借関係が類似する土地○は平成○年3月に請求人が借地人から建物を購入することにより完全所有権となっていることからすれば，借地権を併合して完全所有権となる潜在的価値が存すると認めることが困難であるとする「特別の事情」は認められず，請求人の主張には理由がない。

本件土地の評価額は1,769万3,900円であり，請求人の課税価格および納付すべき税額を計算すると，「審判所認定額」欄のとおりとなり，本件更正処分の額を上回ることから本件更正処分は適法である。

コメント　請求人は，評価通達に基づく借地権価額控除方式による貸宅地の評価額は相続税法第22条に規定する時価を適正に反映しないから，本件土地の価額は請求人鑑定評価額によるべきだと主張する。

しかしながら，審判所は，請求人鑑定評価額の内容を検討すると，底地価額の算定にあたり還元利回りと割引率とは異なるものであるので，その利率についても異なると考えられるにもかかわらず，請求人鑑定評価は同一の利回り率を用いて算定している。したがって，その算定の利回りは適正なものとは認められないので，請求人の主張には理由がないとした。

また，本件土地と賃貸借関係が類似する土地3は平成○年3月に請求人が借地人から建物を購入し，完全所有権になっているので，本件土地についても将来借地権を併合して完全所有権となる潜在的価値があると認められるので，評価通達等により難い「特別の事情」は認められないので，請求人の主張には理由がない。したがって，請求人鑑定評価額が時価であるとは認められないので，本件鑑定評価額は本件相続開始日における適正な時価とは認められないと判断した。

以上の理由により，評価通達の定める評価方法により求めた時価を否定するような「特別の事情」はないので，本件土地の時価は評価通達による評価額であると審判所は判断した。

借地権と底地の併合があるか否かを注意深くチェックすることは非常に大切であることを痛感させられる事例である。

■著者紹介

小林　穂積（こばやし　ほづみ）

不動産鑑定士・宅地建物取引士

大和ハウス工業本社等を経て不動産鑑定士事務所等を設立し，現在，株式会社アプレイザル総研代表取締役。
不動産鑑定士・宅地建物取引士としての不動産に関する専門知識を活かし，相続に係る土地の時価評価，相続に絡むコンサルタント業務を得意とする。また，法人・個人所有の不動産や底地・借地権，有効活用に絡む問題解決に尽力する傍ら，執筆活動やセミナー等の講師としても活躍中である。

〈主要著書〉
『広大地評価・判定の実務』（ファーストプレス刊・2014年）
『相続問題の対策と実務』（共著）（ファーストプレス刊・2015年）
『広大地評価の重要裁決事例集』（プログレス刊・2017年）
『〈税理士・不動産鑑定士のための〉重要裁決事例に学ぶ《相続税》土地評価の実務』（プログレス刊・2019年）
『〈税理士・不動産鑑定士のための〉重要裁決事例に学ぶ《相続税》土地評価の実務【PART❷】――「特別の事情」と「時価鑑定」の争点』（プログレス刊・2022年）

株式会社アプレイザル総研　info@erea-office.com
〒530-0047　大阪市北区西天満1丁目10-16　企業サービスビル3階

〈ホームページ〉
アプレイザル総研公式HP　https://erea-office.com/
底地相談ドットコム　https://sokochi-soudan.com/
相続税還付ドットコム　https://souzoku-kanpu.com/
ツイッター（https://twitter.com/appraisalsouken），YouTube（不動産鑑定士　小林穂積で検索）共に，情報発信中です。

〈税理士・不動産鑑定士のための〉
重要裁決事例に学ぶ《相続税》土地評価の実務【PART❸】
――財産評価基本通達の定めによらないことが正当と認められる「特別の事情」とは何か？

2024年3月10日　印刷
2024年3月20日　発行

著　者　小林　穂積©

発行者　野々内邦夫

発行所　**株式会社プログレス**
〒160-0022　東京都新宿区新宿1-12-12
電話03(3341)6573　FAX03(3341)6937
http://www.progres-net.co.jp
e-mail：info@progres-net.co.jp

＊落丁本・乱丁本はお取り替えいたします。　モリモト印刷株式会社

ISBN978-4-910288-43-7　C2033